LA NOUVELLE ATLANTIDE

Dans la même collection

MONTAIGNE, *Essais.*
MORE, *L'Utopie.*

BACON

LA NOUVELLE ATLANTIDE

Traduction par
Michèle LE DŒUFF
et Margaret LLASERA

Introduction, notes, bibliographie
et chronologie
par
Michèle LE DŒUFF

GF-Flammarion

ISBN : 2-08-070770-1

AVERTISSEMENT

New Atlantis a été publiée en 1627 avec la *Sylva Sylvarum*, par les soins de W. Rawley, chapelain et secrétaire de Bacon. De nombreuses rééditions du volume suivront, les deux œuvres étant parmi les écrits de Bacon les plus populaires au XVIIe siècle. La Bodleian Library à Oxford a le privilège de posséder un exemplaire de celle de 1635, annoté de la main de Christopher Wren, doyen de Windsor, vers 1657-1658 ; ces *marginalia* montrent quelle plausibilité un lecteur du XVIIe siècle pouvait trouver au texte dans son détail. Une traduction française des deux ouvrages, par Pierre Amboise, parut dès 1631, sous le titre de *Histoire Naturelle de Messire Bacon suivie de l'Atlas Nouveau* (Paris, Sommaville et Soubron). Une version latine sera également publiée par W. Rawley en 1638 ; elle offre peu de variantes par rapport à l'original, mais elle est précieuse, car elle témoigne de la manière dont un proche de l'auteur a compris certains passages.

L'édition de référence des œuvres et lettres de Bacon est constituée par *The Works and Letters of Francis Bacon*, 14 volumes, Londres, 1848-1874, textes établis, annotés et au besoin traduits en anglais par Spedding, Ellis et Heath (reprint Friedrich Frommann Verlag, Stuttgart, 1963). Nous y renvoyons systématiquement (abrév. Sp.). C'est le texte tel qu'il est donné au tome III de cette édition que Margaret Llasera et moi avons traduit.

Ce travail a d'abord fait l'objet d'un séminaire que nous avons animé en 1978-1980 à l'Ecole normale supérieure de Fontenay-aux-Roses. La traduction, suivie d'un essai, *Voyage dans la pensée baroque,* fut accueillie aux éditions Payot par Odile Pidoux-Payot, et publiée en 1983. C'est avec gratitude et amitié que nous saluons la mémoire d'Odile. Et que nos étudiants de naguère – Claudine Britton, Daniel Busatto, Emmanuelle Huisman, Chantal Jaquet, Sandra Joxe, Sylvie Ledizet, Danielle Le Goïc, Florence Perronin, Marjolaine Pierre, Anne-Isabelle Renimel et Anne Roque – trouvent ici l'expression renouvelée du plaisir que nous avons eu à explorer en leur compagnie la philosophie baconienne.

Pour la présente édition dans la collection GF-Flammarion, la traduction a été légèrement retouchée et la présentation critique complètement remaniée. J'y ai intégré des résultats récents de mes recherches. Et je tiens à remercier les bibliothécaires de la Bodleian Library, qui, au moment où je perdais mes dernières dioptries à déchiffrer les *marginalia* de Wren sur un microfilm, m'ont permis de consulter le volume lui-même, et David Norbrook, de Magdalen College, qui m'a prêté main-forte en cette occasion.

Michèle LE DŒUFF

INTRODUCTION

« Vos jeunes verront des visions et vos vieillards rêveront des rêves [1]. »

Lire naïvement une utopie revient souvent à considérer le texte comme un programme électoral, et ainsi à examiner si le contenu de la fable est éligible ou non. Il n'est pas certain que ce principe de lecture soit le bon pour *L'Utopie* de Thomas More (1516), pour *La Cité du Soleil* de Campanella (1623), ni pour bien d'autres œuvres que la tradition a rangées dans la catégorie des utopies. En revanche, *La Nouvelle Atlantide* s'offrait bien aux lecteurs contemporains comme un ensemble de propositions que Francis Bacon avait longuement cherché à faire élire : rêve d'une société par et pour la science, le texte détaille ce qu'une société doit faire pour que des savoirs se développent et, réciproquement, ce qu'elle peut attendre d'un tel développement. Et il quête l'adhésion, voire l'approbation parfaitement naïve, de ses lecteurs. Je crois bien qu'il en a trouvé plus d'un au XVIIe siècle. Quand Samuel Hartlib, grand admirateur de Bacon, invite Coménius à venir le rejoindre en Angleterre en 1641, celui-ci croit que le Parlement britannique veut

1. Joël (2, 28), cité par Bacon, avec le commentaire d'Isaac Abrabanel, dans les *Essays*, « Of Youth and Age », Sp. t. VI, p. 478.

l'employer à réaliser *La Nouvelle Atlantide*, et il vient. Un peu plus tard, Christopher Wren (doyen de Windsor et père de l'architecte célèbre) annote furieusement son exemplaire du volume contenant la *Sylva* et *La Nouvelle Atlantide*. Cet exemplaire existe toujours : manifestement, les bonnes mœurs de Bensalem et les merveilles de la Maison de Salomon lui ont semblé, les unes infiniment louables, les autres parfaitement crédibles, et c'était exactement l'effet recherché par l'auteur.

Un voyage imaginaire au cours duquel des voyageurs en détresse parviennent, un peu par hasard mais grâce aussi à un acte d'espérance et de foi, à une île inconnue perdue dans les mers du Sud. Le public de l'époque apprécie particulièrement les chroniques de voyages et la fable de Bacon apparaît au milieu d'une florissante littérature. La monumentale compilation faite par Richard Hakluyt (Londres, 1589), intitulée *Principal Navigations, Voyages, Traffiques and Discoveries of the English Nation*, est constamment rééditée. Citons aussi *The Discovery of the Bermudas* de Sylvester Jordain (1610), considérée comme l'une des sources de *La Tempête*, et *La Tempête* elle-même (1611) ; les *Travels* de George Sandys (1615), livre que Bacon a lu comme en témoigne la *Sylva Sylvarum* ; *An Itinerary* de Moryson et les *Crudities* de Coryate – et Bacon connaissait très vraisemblablement la description de Venise proposée dans cet ouvrage ; *Purchas, His Pilgrimage*, une vraie somme sur les peuples, les religions, la géographie et l'histoire du monde entier..., pour ne citer que des titres antérieurs à *La Nouvelle Atlantide*. On sait que XVIIe et XVIIIe siècles vont ensuite produire des récits de voyages, imaginaires ou non, par centaines.

Pourtant, si l'œuvre de Bacon apparaît bien là, elle ne s'inscrit pas totalement dans cette grande vague littéraire. Le voyage de découverte a en effet pour lui valeur de métaphore, et Bensalem, l'île découverte dans *La Nouvelle Atlantide*, est surtout l'île *de* la découverte, l'institution majeure de Bensalem étant un « Collège » consacré au développement de la recherche scientifique et technique. A ce titre, *La Nouvelle Atlantide* est une version ramassée, apparemment fabuleuse mais de fait visionnaire, d'une grande idée que Bacon a cherché à promouvoir toute sa vie. Et comme le texte sera publié après la mort de l'auteur, par les soins de William Rawley, son secrétaire et chapelain, il a immanquablement l'allure d'un testament philosophique, même si rien n'assure qu'il ait été rédigé dans cet esprit [2].

Car c'est durant toute sa vie que Bacon a tenté, par divers moyens, de convaincre la Couronne d'Angleterre de promouvoir une réforme des savoirs et des institutions qui sont préposées à gérer la vie intellectuelle, c'est-à-dire les universités. Au vrai, quelque chose de cette idée est même antérieur à sa naissance, puisque son père, Nicholas Bacon, s'était vu confier par Henri VIII le soin de tracer un plan de réforme de l'éducation [3]. L'histoire qui aboutit à *La Nouvelle Atlantide* avait en fait commencé par le schisme anglican, celui-ci ayant rendu possible l'idée d'un contrôle des finalités des universités par l'Etat, et non plus par une autorité religieuse dépendant en dernière instance du pape. On pouvait par conséquent, et c'est ce qui importe, projeter une redéfinition, par le pouvoir royal, des missions intellectuelles et sociales des universités. L'idée était certes plus facile à concevoir qu'à exécuter, car plusieurs choses devaient nécessairement contrecarrer un tel projet : les universités d'Oxford et de Cambridge étaient essentiellement, comme aujourd'hui d'ailleurs, des fédérations de « collèges » indépendants, dotés chacun de moyens financiers autonomes et associés sur un mode proche

2. Voir la « note à l'intention du lecteur » que Rawley publie en tête du texte, *infra*, p. 81.

3. Voir Benjamin Farrington, *The Philosophy of Francis Bacon*, Liverpool, 1964, p. 12. La présente édition de *La Nouvelle Atlantide*, comme la précédente, doit beaucoup au travail de Farrington, même si aujourd'hui je m'écarte de sa lecture de Bacon sur plusieurs points.

de celui des guildes d'artisans dans une ville. Par exemple, quand au XIIe siècle lady Dervorgilla de Galloway avait fondé Balliol College à Oxford, c'était bien d'une sorte de fondation qu'il s'agissait, puisqu'elle donnait à une « personne morale », le collège, un bâtiment et des fermes dont le revenu devait financer la vie de l'institution, pour toujours en quelque sorte. Cette indépendance matérielle des collèges, jointe au conservatisme que les institutions manifestent couramment, pouvait tenir en échec toute tentative de réforme. De plus, comme les universités de l'époque recouvraient aussi, voire surtout, ce qui, pour nous, serait plutôt le deuxième cycle des lycées, car on y entrait fort jeune, l'idée baconienne d'y installer de la recherche et des sciences, donc des savoirs doublement en cours de constitution, était un peu hardie.

On ne sait pas ce que devint le projet de réforme de Nicholas Bacon, mais l'Histoire nous a conservé un autre plan, plus tardif, dû à sir Humphrey Gilbert vers 1570, donc sous le règne de la reine Elisabeth [4]. Certes, H. Gilbert prévoit qu'on enseignerait aux jeunes gens, dans cette Académie de la Reine qu'il voulait créer à Londres, de la grammaire grecque et latine, de l'hébreu, de la logique, de la rhétorique, de la philosophie morale et du droit, comme ailleurs. Mais technologie militaire (artillerie, fortifications, etc.), cosmographie et astronomie appliquées aux arts de la navigation, construction navale, cartographie, médecine (manifestement militaire et navale), chirurgie, et enfin recherche en philosophie naturelle se taillent la part du lion dans son projet. Puis, en 1598, Gresham College sera fondé à Londres. Alors que les deux grandes universités persistent à enseigner essentiellement la théologie et diverses matières littéraires, à Gresham College, une meilleure place sera faite à l'enseignement des sciences (mathématiques et astro-

4. *Queene Elizabethes Achademy*, édité par Furnival, Early English Text Society, 1869, *extra series*, VIII.

nomie), et notamment en tant qu'elles ont un rapport avec la navigation ; ce collège a du mal à démarrer, mais ces deux chaires scientifiques amorcent une tradition qu'un peu plus tard navigateurs ou armateurs de Londres sauront apprécier. Cette fin du XVIe siècle est vraiment le moment de la prise de conscience, par l'Angleterre, de sa vocation maritime : les *Principal Navigations, Voyages, Traffiques and Discoveries of the English Nation*, la compilation de Richard Hakluyt citée plus haut, avait pour but explicite d'établir que les Anglais avaient toujours été un peuple de marins, ce qu'ils avaient cependant besoin d'apprendre au XVIe siècle, quand le prestige des navigations espagnoles et portugaises éclipsait toutes les autres. Le voyage en mer qui ouvre *La Nouvelle Atlantide* est un motif symbolique sur-déterminé, comme le fameux frontispice du *Novum Organum* (1620) représentant un bateau toutes voiles dehors, et son éloge de la boussole. Comme aussi l'usage habile que fait Bacon d'une prophétie de Daniel : « *Multi pertransibunt et multiplex erit scientia* », « Nombreux seront ceux qui navigueront plus loin, et la science augmentera », une phrase qui deviendra si emblématique de sa philosophie que Descartes la citera, non comme un verset biblique, mais comme « la prophétie du chancelier d'Angleterre [5] ».

Le motif imaginaire majeur de la philosophie de Bacon est là : les voyages de grandes découvertes lui fournissent le modèle d'une conception de la connaissance comme processus ouvert et mouvement orienté vers des découvertes ; il affirme que, puisque son époque a vu les voyages lointains se multiplier, elle doit maintenant accomplir un effort similaire dans le

5. Bacon cite ce verset en latin d'après la Vulgate (Daniel, 12, 4), dès *The Advancement of Learning*, sans le traduire (Sp. t. III, p. 340, tr. fr. p. 103), puis en anglais dans le *Valerius Terminus*, Sp. t. III, p. 221, tr. fr. p. 28 (« *Many shall pass to and fro...* »). Voir aussi *Redargutio* (Sp. t. III, p. 584, tr. fr. Georges Rombi et Didier Deleule, Paris, PUF, 1987, p. 141) et *Novum Organum*, Livre I, § 93. Pour Descartes : Lettre à M..., 18 décembre 1648.

domaine des savoirs. Il doit en partie ce motif à Montaigne, qui, dans *L'Apologie de Raymond Sebond*, s'était servi de la déclôturation du monde résultant des grands voyages comme d'un argument polémique contre la clôturation dogmatique du monde intellectuel : on avait longtemps cru que le monde entier était désormais connu, à l'exception peut-être de quelques îles à l'écart des routes ; or voilà qu'on a découvert, dit Montaigne, non une île, mais un continent, dont l'existence même était jusque-là ignorée ; et s'il y a des gens qui se hâtent de conclure qu'à présent tout est trouvé et tout est vu, ils ont bien tort. Dans le monde des théories savantes, il en va sensiblement de même : « le ciel et les étoiles ont branlé deux mille ans », puis quelques Grecs ont contesté cette idée et, plus récemment, Copernic a proposé de considérer que c'est la Terre qui se meut autour du Soleil. Quand maintenant des savants disent que la théorie copernicienne est définitive, on est en droit de rester sceptique, car cette même théorie sera peut-être, à son tour, contestée plus tard [6]. Ainsi Montaigne, comme il est naturel, mettait au service du scepticisme qui était le sien un parallèle possible entre voyages de découvertes et innovations scientifiques. Bacon, quant à lui, reprend l'analogie, mais dans une perspective affirmatrice : il y a des objets à connaître, de l'inconnu à découvrir, des lois de la nature à explorer progressivement, donc : « *Plus ultra in Sciences* » [7] ; ou, comme dira Rimbaud : « A la science, et en avant [8] ! » Les sciences, comme les voyages, découvrent des pans du

6. Montaigne, *Essais*, livre II, in éd. Pléiade, p. 553-555.

7. Le *Commentarius Solutus* (1608, Sp. t. XI, p. 64), qui est un mémorandum personnel, note : « [produire] des discours comme à l'ordinaire prônant un *plus loin* dans les sciences, pour le globe intellectuel comme pour le matériel, illustrés par les Découvertes à notre époque ».

8. « “Rien n'est vanité ; à la science, et en avant !”, crie l'Ecclésiaste moderne, c'est-à-dire *tout le monde.* » Ce sarcasme de Rimbaud (« L'Eclair », in *Une saison en enfer*) vise très vraisemblablement un Bacon devenu, au XIXe siècle, auteur figurant au programme pour le baccalauréat.

monde qui, lorsqu'ils sont connus, le sont effectivement.

En 1598, quand Gresham College est créé à Londres, Bacon a trente-sept ou trente-huit ans. Et, si les affaires de la Couronne ou celles du Parlement de Londres, dont il est membre depuis 1584, l'occupent parfois plus que sa philosophie, il a cependant déjà eu l'occasion de formuler quelques-unes de ses idées. Une lettre à son oncle Burghley, datant probablement de 1591, évoque sa vocation personnelle et avoue « de vastes projets intellectuels » : purger le savoir des maraudeurs qui y font des dégâts (la pure verbalité des disputes scolastiques, les expériences aveugles, les traditions auriculaires et les impostures), afin d'introduire à leur place des observations, des conclusions fondées, des inventions et des découvertes utiles, le tout orienté, espère-t-il, par la *philanthropia*. En 1592, dans un discours orné qu'un manuscrit nous a conservé sous le titre de *Mr Bacon In Praise of Knowledge*, il polémique élégamment contre l'état présent du savoir dans les universités d'Europe : de grands esprits s'y trouvent, mais « hélas, ils n'y apprennent qu'à croire ; d'abord à croire que d'autres savent ce qu'eux-mêmes ne savent pas, puis à croire qu'ils savent ce qu'ils ne savent pas [9] ». L'auteur se propose de marier l'esprit de l'homme à la nature des choses (et non plus à de vaines notions), promettant de cette union intellectuelle une postérité de découvertes plus impressionnante encore que l'invention de l'imprimerie, de l'artillerie et de la boussole...

A l'occasion des fêtes de Noël en 1594, c'est à Gray's Inn, où Bacon a fait son droit, que se donne un « divertissement » dont il est l'auteur, ou l'un des auteurs. Un *prince*, c'est-à-dire un chef d'Etat (la reine Elisabeth employait ce terme pour parler d'elle-même), réunit son Conseil et donne à ses membres la liberté de lui montrer « vers quel port le navire de

9. Sp. t. VIII, p. 125.

notre gouvernement devrait faire route [10] ». L'un des conseillers vante les mérites de la philosophie et conseille au *prince* de « chercher, inventer et découvrir tout ce qui est caché et secret dans le monde », de voir jusqu'au fond de la mer et d'être « l'œil du monde [11] », qui éclaire et voit à la fois. Et il recommande à Sa Majesté d'élever quatre monuments à sa propre gloire : premièrement, une bibliothèque, la plus parfaite et la plus générale qu'on puisse rassembler, contenant tous les livres imprimés et les manuscrits, qu'ils soient européens [12] ou provenant d'autres parties du monde [13] ; deuxièmement, un merveilleux jardin contenant toutes les plantes sauvages ou cultivées qui poussent sous le soleil des diverses latitudes et sur les divers sols ; un jardin où l'on trouve aussi tous les quadrupèdes et oiseaux rares et, dans deux étangs, l'un d'eau douce, l'autre d'eau salée, toutes les variétés de poissons ; troisièmement, un immense cabinet où ranger des productions techniques ; quatrièmement, un entrepôt qui contiendrait des moulins, des instruments, des fourneaux, et soit ainsi un palais digne de la pierre philosophale [14].

Néanmoins, ce n'est qu'en 1605 que Bacon publie un ouvrage reprenant, sur un mode théorique cette fois, et non plus allégorique ou rhétorique, l'idée qu'il est nécessaire de réformer *royalement* les institutions intellectuelles, afin de les faire proprement travailler sur la nature, et ce y compris en toute liberté, c'est-à-dire sans avoir toujours le regard rivé sur l'utilité immédiate : certes, on doit considérer qu'à terme des inventions utiles au bien-être de l'humanité découlent des connaissances, quand celles-ci sont véritables et non plus seulement de l'ordre du « croire savoir » ;

10. *Ibid.*, p. 332.
11. Comparer avec *La Nouvelle Atlantide*, p. 94.
12. *Sic.* L'Oxford English Dictionary date l'apparition du terme « *European* » de 1603. Ce texte de Bacon (1594) permet d'antidater.
13. Comparer avec *La Nouvelle Atlantide*, p. 105-106.
14. Comparer tout ce passage avec *La Nouvelle Atlantide*, p. 119 *sq.*

mais cela ne s'obtient précisément qu'en laissant aux sciences leur liberté d'approfondir d'abord les connaissances, sans les obliger à rester toujours tout près du rivage ingrat de l'utilité. L'ouvrage qui présente ces idées sous leur forme proprement philosophique s'intitule *The Advancement of Learning*, c'est-à-dire *Du progrès et de la promotion des savoirs* [15].

Pour nous, il semble qu'il y ait une différence sensible entre le projet de *Du progrès* et celui de *La Nouvelle Atlantide*. Alors que le texte de 1605 tend à suggérer une réforme des universités, de sorte que celles-ci intègrent la recherche scientifique, *La Nouvelle Atlantide* met en scène un institut de recherches qui semble distinct de toute université : la Maison de Salomon n'est pas un lieu d'enseignement, même si l'on y forme des jeunes chercheurs, ces « enfants des sciences » auxquels l'auteur a dédié plusieurs de ses ouvrages. On pourrait donc penser que Bacon a d'abord cru possible de vaincre la résistance au changement des universités de son temps et d'intégrer la recherche à l'enseignement universitaire : il aurait dès lors cherché, dans un premier temps, à convaincre le roi d'user de son autorité pour réformer ces institutions déjà existantes. Et l'on pourrait penser que, ayant fait l'épreuve de la réalité, c'est-à-dire ayant échoué dans ce projet, il aurait proposé plus tard un autre modèle, la constitution d'un institut complètement nouveau, et entièrement consacré à la recherche, à côté et en dehors des universités, en se souvenant peut-être de la stratégie de contournement qui avait conduit à la création, en France au XVIe siècle, du « Collège » que nous appelons aujourd'hui Collège de France : quand il n'est pas possible de réformer les institutions existantes, on en crée une nouvelle, de toutes pièces, à côté. Cette stratégie de contournement était déjà présente dans le projet de sir Humphrey Gilbert. Or, puisque le modèle proposé par

15. Sp. t. III, p. 259 *sq.* ; tr. fr. Paris, Gallimard, coll. « Tel », 1991.

Bacon dans *La Nouvelle Atlantide* (et non celui de *Du progrès*) sera mis en œuvre au XVIIe siècle pour l'organisation de la Royal Society et de l'Académie des sciences de Paris, puis, en notre siècle, dans la constitution d'organismes de recherche comme le CNRS, indépendants des universités, on doit considérer que, historiquement parlant, cette stratégie, et celle-là seulement, s'est avérée fructueuse.

Mais on se tromperait si l'on considérait cette proposition comme une idée que Bacon aurait eue sur le tard, après s'être en somme résigné à voir les universités résister à la réforme préconisée : de fait, l'idée est déjà présente dans la *Gesta Grayorum*, le divertissement de Noël 1594. De plus, compte tenu de la structuration des deux grandes universités anglaises, qui sont comme des résultantes de « fondations » et « dotations » diverses, rien n'aurait interdit de créer une Maison de Salomon à Oxford ou Cambridge, tout en laissant le reste de l'université concernée fonctionner à sa guise, qui était conservatrice : il ne faut pas voir le projet préconisé dans *Du progrès* et celui de *La Nouvelle Atlantide* comme contradictoires. Une preuve supplémentaire en est fournie dans un mémorandum personnel du 26 juillet 1608, dans lequel notre auteur note : « *Layeng for a place to command wytts and pennes. Westminster, Eton, Wynchester, Spec. Trinity College in Cambridg, St Jhons in Camb. Maudlin in Oxford. [...]. Gyving pensions to 4 for search to compile the 2 Histories ut supra. Foundac. of a college for Inventors. 2 Galeries with statuas for Inventors past and spaces or Bases for Inventors to come. And a Library and a Inginary (...)* [16] », c'est-à-dire (si tant est que l'on puisse traduire des notes aussi télégraphiques) : « Etablir un lieu où commander des esprits et des plumes – Westminster, Eton, Winchester, [et tout particulièrement] Trinity College (Cambridge), St John's (Cambridge), Magdalen (Oxford). Pensionner quatre personnes pour des recherches qui permettent de compiler les

16. *Commentarius Solutus*, Sp. t. XI, p. 66.

deux histoires décrites plus haut [une histoire naturelle des variations de la nature et une histoire des arts mécaniques]. Fonder un collège pour les inventeurs. [Y installer] deux galeries avec des statues pour les inventeurs du temps passé, et des espaces ou des socles pour les inventeurs à venir, [et aussi] une bibliothèque et un conservatoire des engins et instruments... ».

Ce que montre ce passage, c'est la superposition des deux projets, celui de faire du neuf avec du vieux, donc d'installer la recherche scientifique là où il y a déjà des esprits et des plumes, et celui d'instaurer néanmoins des structures spécifiquement consacrées à la recherche. Dans la même page, Bacon note aussi : « En parler au roi, aux chanceliers d'Oxford et de Cambridge. » Dans l'esprit de notre auteur, il aurait suffi que Jacques Ier ouvre sa bourse (des rois et des reines l'avaient fait avant lui), et crée royalement un Fonds ou un Collège, puis que l'un des chanceliers facilite l'intégration de cette nouvelle composante dans l'université choisie, pour qu'un embryon de Maison de Salomon apparaisse, dès le début du XVIIe siècle, à Oxford ou Cambridge. Et c'est bien quelque chose comme cela qui se passera... mais à la fin du XIXe siècle, et non sans mal. L'intégration des sciences laissera longtemps à désirer, et T.J. Reed, dans un texte publié en 1994, témoigne de ce qu'était Oxford avant la Seconde Guerre mondiale : « Les sciences étaient toujours choses intellectuellement suspectes. Recevant un piètre soutien [de la part de l'Université], elles étaient contraintes d'aller mendier ailleurs. Les scientifiques étaient considérés par les collèges comme des gens de fréquentation douteuse. Toute discipline nouvelle était regardée de travers, et il en allait de même de la spécialisation dans la recherche... [17] » Dès lors, avoir envisagé d'introduire les sciences et la recherche à Oxford ou à Cambridge

17. *The Oxford Magazine*, n° 108, Trinity Term, 1994. Voir aussi *The History of the University of Oxford*, volume VIII, *The Twentieth Century*, edited by Brian Harrison, Oxford, Clarendon Press, 1994.

trois siècles plus tôt, c'était prouver qu'on avait proprement l'étoffe d'un utopiste.

Pourtant, il n'était pas complètement chimérique de projeter cela. Même si, en l'occurrence, roi et chanceliers semblent avoir fait la sourde oreille, sur le fond, Bacon avait parfaitement raison : ce qu'il proposait était légitime et judicieux. Si, pour lire cette utopie, nous nous permettons à notre tour une uchronie (« Imaginons que, dès le début du XVIIe siècle, Oxford ou Cambridge aient été dotées d'un institut consacré à la recherche dans les sciences de la nature... »), il faut poser, rétrospectivement, que la grande idée de Bacon méritait de trouver d'emblée l'attention des politiques et des gestionnaires de ces deux grandes universités. Il faudra attendre les années 1640-1660 pour que d'autres, dont certains étaient plutôt puritains et républicains, pensent à réaliser les idées de notre auteur, non en bousculant les universités traditionnelles, mais en créant quelque chose en dehors d'elles : les réunions de savants à Gresham College et dans l'appartement de Wilkins à Wadham College (Oxford) pendant le gouvernement de Cromwell constituent le noyau de ce que, une fois la monarchie restaurée, celle-ci n'aura plus qu'à ratifier, et qui se nomme, depuis lors, la Royal Society. *La Nouvelle Atlantide* offrirait ainsi le modèle quasi unique d'une utopie *grosso modo* réalisée moins de quarante ans après sa publication [18],

18. Voir Thomas Sprat, *History of the Royal Society*, Londres, 1667 (traduit en français dès 1669 à Genève). Sprat fait un éloge vibrant de Bacon : « [Parmi les modernes] je ne nommerai qu'un seul, un grand homme qui a eu la véritable vision de la totalité de l'entreprise telle qu'elle est sur pied à présent. C'est le [grand] lord Bacon, dont les ouvrages sont partout émaillés des meilleurs arguments que l'on puisse donner pour la défense et illustration de la philosophie expérimentale » (p. 37, tr. fr. cit. p. 43). Sprat peut rendre hommage à Bacon : tout son livre reprend en effet l'argumentaire baconien, et imite notamment le livre I de *Du progrès*. Aujourd'hui, cependant, les historiens ne sont pas d'accord entre eux quant à l'évaluation de l'influence effective de Bacon sur la constitution de la Royal Society (voir Margery Purver, *The Royal Society, Concept and Creation*, Londres, Routledge and Kegan Paul, 1967) ; on peut poser le même problème pour la constitution de

alors que l'autre possibilité envisagée par Bacon, celle qui visait à intégrer la recherche scientifique aux lieux de savoir préexistants, devra attendre plusieurs siècles.

Il convient de noter au passage que, dans son mémorandum de 1608, Bacon ne semble pas penser du tout à chercher un mécène privé, alors qu'il y en avait encore dans l'Angleterre de ce temps-là. Ainsi, du vivant de notre auteur, Dorothy Wadham consacre l'héritage de son mari à la fondation à Oxford de Wadham College, déjà nommé, et, en 1620, lady Elizabeth Periam, fille de Nicholas Bacon, donc propre demi-sœur de Francis, donne à Balliol College une ferme dont le revenu était destiné à financer un *fellowship* et deux *scholarships*. Or Bacon n'exhorte pas les donataires à financer la recherche sur la nature, au lieu de continuer à étoffer, comme ils et elles le font, le système ancien. Pour en rendre compte, je me permettrai de rappeler ce que ma préface à *Du progrès* a développé : notre philosophe considère que la gestion du progrès des connaissances relève non d'initiatives privées, mais de la responsabilité de l'Etat, seul à même de donner, avec les finances, un statut de légitimité à la recherche nouvelle ; il pense plus au statut de la recherche qu'aux finances, et sans doute juge-t-il

l'Académie des sciences de Paris, pour laquelle on dispose d'un document bien précieux ; dans une lettre à Colbert, C. Huygens écrit : « La principale occupation de cette Assemblée [de physique] et la plus utile doibt estre, à mon avis, de travailler à l'histoire naturelle à peu près suivant le dessein de Verulamius », c'est-à-dire Bacon, baron de Verulam (voir *Œuvres complètes* de C. Huygens, La Haye, 1888-1950, vol. VI, p. 95-96). A mon sens, tout tient dans le « à peu près suivant le dessein ». Bacon a bien fourni un dessein global, indiquant des finalités, un sens général et quelques principes directeurs, ce qui est essentiel si l'on considère que, lorsque des gens créent quelque chose, ils ont besoin de savoir en gros où ils vont ; cependant, pour ce qui est du travail effectif, dans la précision de ses protocoles et de son organisation, le « à peu près » vient garantir la liberté d'action des personnes réellement impliquées. Au fond, on peut accorder que Bacon a produit comme le préambule de la constitution de ces sociétés savantes étatiques, mais que les dispositions plus particulières et les décrets d'application restent du ressort de ceux qui ont proprement créé ces sociétés.

que le temps de « la générosité des gens », comme il dit, donc des personnes privées, est révolu.

La collectivité globale, non les mécènes ; et l'Etat comme forme générale, non tel ou tel type de gouvernement : même si le langage de Bacon se réfère souvent à la monarchie qu'il servait, et s'il décrit la réforme préconisée comme une *œuvre royale*, les républicains britanniques du milieu du XVIIe siècle comprendront parfaitement que l'auteur ne liait pas son projet à une politique monarchique, et que c'était de l'Etat qu'il s'agissait, terme qu'il emploie lui-même beaucoup aussi, et qui renvoie à ce qui est commun aux différents régimes possibles. Mieux encore, le concept chez lui (*the State*) renvoie à l'idée d'un Etat-et-peuple, à la fois donc structure gérant la collectivité et ensemble des gens qui, vivant dans un espace donné, constituent cette collectivité ; non tant un Etat-nation (idée qui étymologiquement suppose une communauté de naissance entre les gens), mais un Etat-peuple composé éventuellement de diverses nations, comme dans *La Nouvelle Atlantide*, puisque Bensalem se présente comme un heureux *melting-pot*. L'idée de *State*, chez Bacon, c'est encore, et corrélativement, un principe de continuité temporelle : l'Etat est un être moral et concret qui traverse les siècles ; c'est donc une instance qui peut prendre des responsabilités vis-à-vis du futur et des générations qui viendront. Si c'est de cette instance que doit émaner l'effort consenti en faveur de la recherche scientifique, c'est que cet effort porte toujours ses fruits plus tard, et que la temporalité que la recherche engage calque celle de l'Etat ; *La Nouvelle Atlantide* donne même une idée du temps très long dans lequel les savoirs sur la nature se constituent : les fantastiques connaissances des Bensalémiens en matière d'agronomie résultent de recherches commencées au moins depuis Salomon. De ce point de vue, il ne faut vraiment pas considérer le modèle de *La Nouvelle Atlantide* comme radicalement différent de celui de *Du progrès*, puisque, dans les deux cas, c'est bien la structure étatique, c'est-à-dire l'ensemble de la collectivité dans son histoire, que Bacon appelle à endosser la création d'une fondation adéquate pour le progrès des sciences.

*

* *

On ne sait pas très précisément quand le texte de *La Nouvelle Atlantide* a été écrit. Le *De Augmentis*, publié à l'automne 1623, sert en général de repère, car, lorsque Rawley fournit la liste des travaux de Bacon au cours des cinq dernières années de sa vie, *La Nouvelle Atlantide* apparaît avant le *De Augmentis*, ce qui semble indiquer que Bacon avait au moins commencé à y travailler à une date antérieure à l'automne 1623 [19]. En outre, Rawley cite notre texte parmi ceux que l'auteur avait donnés à traduire en latin « *for the benefit of other nations* », afin d'en faire bénéficier les autres nations [20], un indice entre plusieurs de ce que Bacon considérait *La Nouvelle Atlantide* comme *grosso modo* terminée et que le texte, tel que nous l'avons, n'est pas si « inachevé » que Rawley lui-même le prétend.

Si l'on opte pour cette hypothèse vraisemblable, on peut trouver le contexte intellectuel de l'année 1623 particulièrement propre, en effet, à avoir incité l'auteur à écrire son utopie. Par émulation, d'abord : cette année-là voit en effet la première publication, à Francfort, de *La Cité du Soleil* de Campanella dans

19. On peut trouver deux traces indirectes du projet de *La Nouvelle Atlantide* dans le *De Augmentis* en confrontant le texte à celui de *The Advancement of Learning*, dont il est supposé être la traduction latine : la suppression d'une remarque contre les philosophes qui « font des lois imaginaires pour des communautés imaginaires » et dont les discours ressemblent aux étoiles, qui éclairent fort peu tant elles sont hautes (voir *Du progrès*, p. 272) ; et au contraire l'insertion d'un mot de Thémistocle qui, s'adressant à l'envoyé d'un petit bourg grec, dit « Ami, à tes paroles, il manque une cité », raillerie que Bacon applique à son propre projet (Sp. t. I, p. 837), et qu'il reprend d'ailleurs dans un texte écrit à peu près à la même époque, l'*Abecedarium Novum Naturae* (Bibliothèque nationale, fonds Dupuy).

20. Sp. t. I, p. 9.

une traduction latine, cc qui s'ajoute à la publication, en 1619 à Strasbourg, de la *Christianopolis* de Johann Valentin Andreae, dont je pense, ainsi que je l'explique plus loin, qu'il était un lecteur des premiers ouvrages de Bacon. Voilà en tout cas que deux utopies sont offertes au public de l'époque, toutes deux axées sur l'idée d'un développement des connaissances. Mais 1623, c'est aussi l'année au cours de laquelle une sorte de psychose collective s'est emparée de plusieurs bonnes gens de France, concernant l'existence d'un « collège invisible » et la présence supposée de rosicruciens à Paris. La terreur ainsi suscitée est attestée par la publication, cette même année, d'au moins deux livres sur le sujet, l'un par Gabriel Naudé, l'autre par François Garasse, sans parler d'un ouvrage anonyme intitulé *Effroyables pactions faites entre le Diable et les prétendus invisibles* [21]. Adrien Baillet, dans sa *Vie de Monsieur Descartes*, contera comment celui-ci, qui venait tout juste de rentrer en France après un séjour en Bohème et divers autres pays, devint cette année-là l'objet de rumeurs fâcheuses : il se raconte à Paris que Descartes serait l'un de ces rosicruciens et le malheureux dut se rendre visible dans les salons pour prouver qu'il ne pouvait pas être un « invisible » ! Il lui fallut même apaiser les inquiétudes de son ami Mersenne, qui semble avoir partagé la terreur française quant à ces « invisibles », un délire qui, au reste, prenait le relais de rumeurs et de débats qui avaient agité l'Allemagne un peu plus tôt. Or Bacon avait quelques raisons de se sentir concerné directement par ce phénomène.

La vague d'intérêt et d'inquiétude qui culmine à Paris en 1623 s'est amorcée en fait en 1614, quand

21. Le livre de Frances Yates (*The Rosicrucian Enlightenment*, Londres, Routledge and Kegan Paul, 1972 ; rééd. 1975, Paladin ; tr. fr. M.-D. Delorme, *La Lumière des Rose-Croix*, Paris, 1978) est une mine de documents pour tout ce qui concerne ces lumières rosicruciennes et les inquiétudes qu'elles ont pu susciter. Même si l'interprétation proposée ici s'écarte de celle de Fr. Yates, la dette à l'égard du travail de cette grande érudite doit être soulignée.

paraît à Cassel un volume contenant une traduction allemande d'un extrait de Boccalini, et surtout un tract anonyme intitulé *Fama Fraternitatis*, ou « Découverte de la fraternité de l'Ordre très noble de la Rose-Croix ». L'année suivante, un autre volume paraîtra, à Cassel aussi, contenant une *Confessio Fraternitatis R.C.*, une « profession de foi », adressée « *ad Eruditos Europae* », à tous les savants d'Europe. Frances A. Yates, qui a consacré un grand ouvrage à ces « Lumières rosicruciennes », tient pour acquis qu'il n'y eut jamais de réel mouvement rosicrucien en ce début du XVIIe siècle, mais seulement des textes qui en parlent ; on a tout lieu de la suivre sur ce point, du moins pour les premières années de la vague de publication anonyme d'opuscules. Les tracts que nous venons de citer, probablement dus à Johann Valentin Andreae lui-même, évoquent une fraternité rose-croix alors parfaitement imaginaire, mais avec assez de conviction pour que des esprits plutôt rassis croient à son existence et que d'autres, qui l'étaient moins, en conçoivent une peur bleue. Descartes, qui était des premiers, a cherché à rencontrer des rosicruciens en Allemagne durant l'hiver 1619, en vain naturellement, dira-t-on, si, comme Frances Yates, on pense que ce mouvement était une fiction. Il fera du moins la connaissance d'un fort bon mathématicien allemand, Johann Faulhaber, qui les cherchait aussi [22] ! Parmi les seconds, qui s'affolent, on trouve quelques hommes d'Eglise, dont le père Mersenne. Ils ont quelques raisons de s'émouvoir, car cette littérature, fort marquée par le protestantisme, se montre quelquefois violente à l'égard de la papauté.

Frances Yates signale, à propos d'autres tracts « rosicruciens » (datant ceux-là de 1616-1618), que certains passages rendent parfois un son baconien.

22. Voir, dans les *Præambula* (in *Cogitationes Privatae*, Ed. Adam et Tannery, t. X, p. 213-215), le paragraphe sur « le trésor mathématique de Polybe le Cosmopolite », c'est-à-dire Faulhaber, « ouvrage offert encore une fois aux érudits du monde entier, et plus spécialement aux frères Rose-Croix ».

C'est peu dire, à mon sens, et je crois qu'il faut considérer que c'est l'idée fondatrice de toute cette littérature, par ailleurs souvent encombrée d'un fatras de symboles et de mystères, qui est rapportable à notre auteur. En effet, prôner une organisation du travail de recherche, de sorte que celui-ci soit proprement collectif et qu'il repose donc sur une distribution des tâches et une coopération des efforts, cette idée que les tracts rosicruciens propagent est aussi la thèse épistémologique forte que Bacon avait mise en circulation dès 1605. C'était là une idée bien plus hardie que celle qui structurait déjà divers cénacles où savants, gens de lettres et grands personnages se rencontraient, mais se rencontraient seulement. Dans l'Europe de ce temps-là, il y a bien des cercles de savants, créés sur initiative privée, et où, certes, s'organisait l'échange, mais entre gens continuant à travailler chacun de façon indépendante. L'idée baconienne, originale par rapport à ce qui existait, est bien plus ambitieuse, puisqu'elle comporte le projet d'une distribution des tâches et d'une division du travail de recherche, projet radical que donc les tracts rosicruciens reprennent.

De plus, appeler, comme le font ces tracts, les savants de l'Europe entière à unir leurs efforts pour construire une « fraternité » qui re-construise un savoir humain susceptible de rendre la vie des gens meilleure n'est rien d'autre qu'une idée reprise, et à la lettre, de *Du progrès* [23]. En l'énonçant, Bacon n'avait certainement pas en vue une société secrète quelle qu'elle soit, mais il n'est pas évident que les tracts allemands aient sérieusement appelé à en créer une non plus. On doit les lire comme des œuvres de propagande, militant de manière sans doute provocatrice en faveur d'un renouveau de sciences libérées de l'autorité religieuse et orientées vers le bien de l'humanité. Et l'on peut prononcer que tout le reste (l'idée de réunions secrètes, de signes de reconnaissance, de déguise-

23. Pour la fraternité (*brotherhood* ou *fraternity*), voir Sp. t. III, p. 327 ; tr. fr. p. 87.

ments, etc.) était littérature, jeu pour le plaisir de la provocation et le plaisir du texte. Fr. Yates s'étonne de ce qu'Andreae, auteur supposé des premiers de ces tracts, les qualifie, quand il écrit sous son propre nom, par le terme de *ludibrium* [24], c'est-à-dire de jeu, de farce ou de plaisanterie. De mon point de vue, il n'y a pas lieu de s'en étonner, bien au contraire, et il y aurait même une manière baconienne fort simple de rendre compte de ce jeu-là. A la lumière d'un autre ouvrage de Bacon, le *De Sapientia Veterum* (*De la sagesse des Anciens*, 1609), on comprend qu'une certaine idée de la plaisanterie et de la fable pouvait se proposer à l'époque, et cette idée permet de rendre compte à la fois de la farce rosicrucienne et du mode d'écriture de notre texte. Car *La Nouvelle Atlantide* aussi est un jeu ou un *ludibrium* du même ordre que les tracts rosicruciens ; seulement, les intentions sérieuses ne sont pas incompatibles du tout avec la plaisanterie ou l'affabulation – une chose que l'on savait au reste depuis Thomas More.

De la sagesse des Anciens propose une théorie des mythes gréco-romains qui reprend des indications brèves déjà publiées dans *Du progrès* [25]. La poésie que Bacon appelle parabolique était nécessaire aux premiers temps du monde, dit *Du progrès*, « pour exprimer n'importe quelle remarque de la raison qui fût plus subtile ou plus pénétrante que l'esprit du commun ». *De la sagesse des Anciens* reprend donc cette idée pour soutenir que divers mythes antiques contiennent en fait des théories physiques ou philosophiques des plus subtiles. Ainsi, dans la succession Ciel-Saturne-Jupiter, Bacon voit « une fable qui semble proposer une énigme dont le contenu est peu différent de la philosophie de Démocrite », laquelle affirme l'éternité de la matière tout en niant celle du monde [26]. Le personnage de Cupidon n'est rien

24. Yates, rééd. cit. p. 81. Andreae, *Reipublicae Christianopolitanae Descriptio*, 1619, p. 13.
25. Sp. t. III, p. 344 *sq.* ; tr. fr. cit. p. 79 *sq.*
26. *De Sapientia Veterum*, chapitre XII, Sp. t. VI, p. 649.

d'autre que l'*appetitus sive stimulus*, l'appétit ou le stimulus de l'atome, etc. Mais cette théorie des mythes antiques s'articule à des attendus bien plus intéressants qu'une simple conception de l'allégorie ou que la reprise, ici manifeste, d'idées stoïciennes concernant la mythologie : les fables, dit Bacon, sont une invention judicieuse, solide et fort utile aux sciences, et ce d'abord parce que le mythe, mieux que la théorie, traverse l'Histoire et résiste d'avantage à l'oubli ou aux diverses catastrophes que l'Histoire fait subir aux cultures.

Dès lors, les fictions gréco-latines pourraient bien ne pas être d'origine grecque : ce sont d'augustes débris de traditions de nations bien plus anciennes. On notera que, dans *La Nouvelle Atlantide*, une science archaïque et des livres de Salomon, perdus pour les Européens, ont été préservés. Le risque d'une perte des savoirs, donc la difficile préservation de ceux-ci, est un problème dont Bacon est très conscient ; il en parle à plusieurs reprises, et c'est d'ailleurs un aspect nécessaire d'une philosophie du progrès des savoirs : pour progresser, il faut que rien de ce qui est acquis ne se perde. Mais, si les fables sont si utiles aux sciences, c'est aussi parce qu'elles mettent à la portée d'esprits frustes les vérités récemment découvertes, ce qui, poursuit Bacon, était bien nécessaire aux premiers temps du monde, mais, ajoute-t-il, vaut aussi de nos jours, quand une théorie très éloignée des opinions reçues est émise. Car la difficulté qu'il y a à « trouver un passage jusque dans l'entendement des hommes », quand on prononce une vérité contraire aux idées reçues, est un problème structurel et constant dans l'Histoire. *La Sagesse des Anciens* s'ouvre ainsi sans hasard par un chapitre sur Cassandre, vouée à dire la vérité sans que personne ne la croie, figure de tous ceux qui ne savent pas s'adapter à l'oreille de leur auditoire, ne veulent pas se soumettre au Dieu de l'harmonie ni admettre qu'il y a des différences entre les oreilles savantes et les oreilles ordinaires.

Dès 1609, donc, Bacon a propagé l'idée que son temps, tout comme celui de Démocrite, aurait bien besoin d'une sorte de mise en mythe des idées scientifiques et philosophiques nouvelles. Pour reprendre des remarques qui figurent déjà dans *Du progrès*, il ne s'agit pas de voiler, celer ou rendre obscures des vérités qui devraient rester secrètes parce que sacrées ; il s'agit au contraire d'exprimer, de démontrer, d'illustrer et rendre claires des pensées difficiles parce que opposées aux idées reçues. Qui chercherait un contenu occulte, des mystères ou un sens caché dans *La Nouvelle Atlantide* aurait donc toute chance de ne pas saisir l'essentiel, du point de vue de l'auteur en tout cas, à savoir qu'il s'agit d'une tentative pour rendre plus clair et plus manifeste le sens de théories par ailleurs exposées sur un mode philosophique dans d'autres écrits. En fait, Bacon pratique quelque chose qui ressemble à la formidable invention des banquiers italiens de la Renaissance, et qu'on appelle la comptabilité à partie double : les banques ont leurs livres à usage interne, tenant registre des opérations de leur point de vue, mais elles ont aussi des écritures qui retracent les opérations du point de vue de chaque client. Une thématisation de cette pratique affleure dans *Du progrès*, et peut-être plus encore dans le *Commentarius Solutus*, où Bacon parle d'ouvrages qu'il projette comme des livres que les marchands tiennent [27]. On peut comprendre dès lors que les multiples essais qu'il n'a pas publiés étaient pour lui comme la comptabilité interne de son entreprise, tandis que les ouvrages publiés sont les différents « comptes-clients », d'où le fait que leur dédicace est toujours plus qu'une simple dédicace : ces livres sont des lettres adressées tantôt *ad filios*, aux enfants des sciences, tantôt au roi, ou à l'université de Cambridge, et à chaque fois l'auteur dit au destinataire ce qui le, la ou les concerne. Nul-le, certes, n'est tenu-e de lire une œuvre à travers la grille de lecture proposée par

27. Sp. t. XI, p. 62.

l'auteur, surtout quand il s'agit d'une fable, et l'on ne doit pas se dispenser de chercher à quels autres enjeux la mise en mythe de théories répond. Il n'en reste pas moins vrai que, dès 1605 et 1609, donc dès *Du progrès* et *De la sagesse des Anciens*, tous les attendus sont là pour que des transpositions, sur le mode de la fable, de théories sur le progrès des sciences puissent être envisagées, par Bacon ou par d'autres.

Ces premiers ouvrages de notre auteur ont fort bien pu pousser Andreae à vouloir, avant Bacon lui-même, mettre en mythe un certain nombre d'idées concernant l'organisation d'un renouveau scientifique, idées dont certaines avaient déjà été exposées dans *Du progrès*. A cela il convient d'ajouter que Bacon, vers 1608 ou 1609, avait déjà en tête des projets de ce genre, car, lorsqu'il envoie à son ami Matthew un paquet de livres et de manuscrits, il parle d'un « *little work of my recreation* [28] », donc d'un travail plus ou moins ludique, et c'est vraisemblablement du manuscrit de sa *Redargutio Philosophiarum* qu'il s'agit : une fiction sérieuse, qui dépeint un séminaire imaginaire de recherches à Paris [29]. Nos cinquante et un voyageurs de *La Nouvelle Atlantide* sont, plus que vraisemblablement, les cinquante auditeurs et l'orateur de ce séminaire, qui se seraient donc embarqués pour un tour du monde. En tout cas, si l'on prend en compte l'idée baconienne, énoncée dans le *De Sapientia* et dans la correspondance, de fictions plaisantes ou de divertissements qui contiennent ce qu'il y a de plus sérieux dans l'ordre de la pensée, on peut rendre compte, d'un seul coup, de la rédaction de plusieurs œuvres baconiennes, de celle des tracts dits rosicruciens, et en même temps de la distance prise constamment par les auteurs, lesquels assurent qu'il s'agit de jeux récréatifs ou de plaisanteries.

Andreae n'est sûrement pas disciple de Bacon de manière exclusive, mais Bacon est parmi ses sources, y

28. Sp. t. XI, p. 134.
29. Sp. t. III, p. 557 *sq*.

compris pour sa *Christianopolis*. Dans cette cité imaginaire, on s'occupe de remédier aux déficiences des arts (c'est-à-dire des techniques), de scruter l'anatomie du monde, de l'analyser par des expériences, avec le souci du bien-être des gens (si quelque pas a été accompli dans la théorie, il faut prouver sa valeur pratique pour le genre humain [30]), et de sorte que l'esprit humain et sa plus haute prérogative puissent se déployer, ou plutôt que la petite étincelle de divinité qui nous a été laissée après la Chute puisse resplendir, ce qui permet à l'humanité de restaurer elle-même un état proche du temps antérieur au péché originel. L'idée d'une étincelle qui ne s'est pas éteinte dans le cœur d'Adam est une idée qui remonte à saint Jérôme et qu'on désigne sous le nom de « syndérèse » ; Bacon, dans *Du progrès*, lui a donné un statut plus proprement philosophique, comme versant subjectif moral de la « Lumière de Nature », à côté de la lumière qui jaillit de la raison [31]. Quant au projet de combler les lacunes de la connaissance, tâche qu'Andreae assigne aux savants de sa *Christianopolis*, c'est là tout simplement l'argument du livre II de *Du progrès*.

On aurait peine à croire qu'il puisse s'agir d'une simple coïncidence : entre 1613 et 1620, une princesse anglaise, Elisabeth, fille de Jacques Ier, mariée à Frédéric V, Electeur palatin, fait rayonner la culture anglaise sur une grande région de l'Allemagne, puis jusqu'à Prague. Elisabeth est protectrice des philosophes, et l'on confectionnera même pour son mari (qui n'entendait pas, ou pas trop bien, l'anglais) une traduction des *Essays* de Bacon en français [32]. Or Elisabeth s'installe à Heidelberg en 1613 et les publications rosicruciennes commencent en 1614, l'année suivante, par conséquent. Comme leur teneur se rap-

30. *Op. cit*, p. 41-42.
31. Voir Sp. t. III, p. 479 ; trad. fr. *Du progrès*, p. 277.
32. Londres, 1619. Il y a eu des relations épistolaires directes entre Frédéric et Bacon, Elisabeth et Bacon ; bien que la correspondance de Bacon ne nous soit pas parvenue en son entier, quelques lettres ont été conservées. Bacon écrit à Frédéric en français.

porte d'assez près à des œuvres baconiennes publiées, il y a tout lieu de penser que la princesse a fait connaître en terre allemande des ouvrages d'un philosophe qui, en politique, était le bras droit de son père, et à ce titre l'organisateur, du point de vue des finances, de la célébration de son mariage à elle. Il est donc plus que permis de penser aussi que les tracts rosicruciens sont l'écho, mais l'écho fâcheusement déformé, des premières œuvres de notre auteur.

Maintenant, qu'on se mette à la place d'un philosophe qui voit d'importantes nervures de sa pensée être reprises, mais parfois détournées, et surtout mêlées constamment à des considérations qui sont loin d'être les siennes, et qui font inutilement, malencontreusement même, scandale : on comprendra sans peine qu'il ait voulu à la fois reprendre son bien et répliquer. Par exemple, une idée comme celle de « divine macro-microcosmique théosophie », qu'on trouve de manière assez marquée dans la littérature rosicrucienne, pouvait, à plus d'un titre, susciter son irritation et son rejet : pour Bacon, l'être humain n'est sûrement pas un microcosme ; de plus, sa thèse philosophique fondamentale, c'est qu'on ne doit pas mêler indiscrètement science de la nature et théologie – or voilà que les textes anonymes de rosicruciens, comme la *Christianopolis* d'Andreae, insistent sur la poursuite de la théosophie. Il y avait de quoi vouloir mettre ces questions au point, puisque des maraudeurs reprenaient son travail pour le mettre au service précisément du contraire de ce que Bacon jugeait capital.

Il fallait aussi mettre en évidence un aspect politique important. Nous avons déjà signalé que la littérature rosicrucienne est assez vivement polémique à l'égard de ce que l'époque nomme « le papisme ». Or Bacon, toute sa vie, a œuvré comme il pouvait en faveur de l'apaisement des querelles religieuses. En Angleterre, cela revenait à promouvoir une politique de tolérance vis-à-vis des catholiques romains d'une part et, d'autre part, des nombreuses sectes qui redoublaient de zèle protestant ; c'est sur le mode de ce balancement, qui situe l'Eglise d'Angleterre dans une sorte de juste milieu, que Bacon pense la question religieuse, dans son pays et pour son temps [33] ; on signalera au passage que, pour lui, l'Eglise d'Angleterre est protestante [34], point qui, encore aujourd'hui, n'est pas évident pour tout le monde. En tout cas, philosophe du politique, il insiste sur le fait qu'on n'a aucun besoin de l'uniformité religieuse, et qu'il est contraire à la prudence étatique d'irriter, voire de désespérer les gens. Dès 1584 ou 1585, Bacon rédige une lettre de conseils à la reine Elisabeth, qui, tout en soulignant que certains catholiques anglais sont factieux, engage la souveraine à ne pas les désespérer, à « ne pas en faire des martyrs », mais tout au contraire à « les affaiblir en affaiblissant leur mécontentement [35] ». Et, vers 1590, un exposé de la politique d'Elisabeth en matière de tolérance, tant à l'égard des catholiques que vis-à-vis des puritains, est envoyé à un M. Critoy, secrétaire de France. Il y est dit que la reine, « n'aimant pas percer des fenêtres dans le cœur des gens et leurs pensées secrètes », avait décidé de ne pas appliquer les lois faites sous le règne de son père,

33. Ce balancement se trouve dans les deux versions qui nous sont parvenues d'une lettre de conseils à George Villiers (1616), dans laquelle Bacon prend soin de dire qu'il n'affirmerait pas positivement que la discipline de l'Eglise d'Angleterre est de droit divin, mais seulement qu'elle est la plus proche de la vérité des Apôtres (Sp. t. XIII, p. 13 *sq.*), ce qui permet de ne pas exclure *de jure divino* les autres. Le balancement apparaît aussi dans l'épître dédiant l'édition dite « King James » de la Bible (1611) au roi Jacques ; cette épître se présente comme un texte collectif endossé par les traducteurs qui ont travaillé à cette édition, mais je pense que Bacon a, pour dire le moins, contribué à sa rédaction : entre les formulations de ce texte et des termes de *Du progrès*, il y a quelques analogies. De plus, compte tenu de l'importance politique de cette entreprise consistant à produire une version de la Bible dédiée au roi, il ne serait pas vraisemblable d'imaginer que Jacques Ier n'ait pas nommé un commissaire politique chargé d'aider les traducteurs à dire exactement ce qu'il faut dans l'épître de dédicace, et Bacon me paraît tout désigné pour ce rôle.

34. Sp. t. XIII, p. 18, 30 et 32.

35. Sp. t. VIII, p. 47 *sq.*

lesquelles permettaient au roi, selon son bon plaisir, d'imposer un serment d'allégeance engageant notamment les catholiques à prendre le cas échéant les armes contre le pape [36]. Bacon louera toujours sa reine d'avoir montré de la douceur à l'égard de ses sujets, du moment qu'ils étaient « catholiques de conscience » et non « catholiques de faction », et d'avoir aussi laissé les puritains s'exprimer. Que cet éloge soit mérité ou non, c'est un point qu'il revient aux historiens de discuter : l'essentiel, pour nous, est de constater que, pour notre philosophe, un-e souverain-e digne d'éloges est nécessairement quelqu'un qui sait pratiquer la tolérance religieuse. En outre, il pense avec chagrin que les controverses religieuses, si violentes en son temps, font obstacle au progrès des sciences. Autant de raisons de répliquer sur ce point-là aussi aux écrits rosicruciens, qui appellent à un antipapisme virulent : les voyageurs de *La Nouvelle Atlantide* sont chrétiens, sans dénomination particulière, les premiers Bensalémiens qu'ils rencontrent le sont aussi, et le seul personnage vivant qui ait un nom dans cette fable, c'est Joabin, qui est juif. *La Nouvelle Atlantide* est donc strictement œcuménique, et s'écrit sur la base de la plus large concorde judéo-chrétienne qu'on ait imaginée à l'époque. Certes, plusieurs détails de ce récit sont typiquement protestants, en particulier le fait que l'évangélisation de l'île se soit faite par la lecture des Ecritures, et non par prédication orale, ce qui distingue radicalement notre récit de la tradition catholique. Mais Bacon ne cherche pas querelle au catholicisme romain, ni dans *La Nouvelle Atlantide* ni ailleurs, et il sait faire la différence entre, d'une part, ses compatriotes catholiques, quand ils sont paisibles, ainsi d'ailleurs que les souverains catholiques qui ne se mêlent pas de la religion des autres pays, et, d'autre part, ce qu'il considère comme la vraie menace – et une plaie –, à savoir les troubles civils comme la Saint-Barthélemy

36. Sp. t. VIII, p. 98.

ou la Conspiration des Poudres et, plus encore, la politique d'intervention militaire de l'Espagne, politique qu'en 1624 il qualifie de « sanglante [37] ». Les Bensalémiens demandent aux voyageurs s'ils sont chrétiens, puis ils leur font jurer qu'ils n'ont pas répandu le sang, et ne leur demandent rien d'autre : un Bacon qui accuse l'Espagne de soutenir, au moins depuis 1588, un « parti catholique » subversif « dans le monde entier », fait la différence entre ce qui relève de « la sécurité et la prévoyance d'Etat », et qui est donc légitime, comme l'était, depuis l'expédition de l'Invincible Armada, la vigilance de l'Angleterre vis-à-vis des agents susceptibles de préparer une nouvelle attaque, et ce qui n'est pas du tout légitime, à savoir de persécuter les gens pour leur religion, ou de tenir des propos violents et sans nuances sur telle ou telle religion [38].

Philosophiquement parlant, la leçon de tolérance qu'il donne dans *La Nouvelle Atlantide* vient sûrement de Thomas More, puisqu'en Utopie tous les cultes sont licites, à condition qu'ils ne troublent pas l'ordre public. Mais c'est une leçon qui a fait l'épreuve de l'Histoire : il a défendu cette ligne tout au long de sa carrière politique, dans des temps fort difficiles. Aux

37. Voir *Considerations Touching a War with Spain*, Sp. t. XIV, p. 469 *sq*.

38. On notera que, pour Bacon, ceci ne se limite pas aux diverses nuances de christianisme ou à la seule tradition judéo-chrétienne. A partir de 1617, il y a un rapprochement entre les couronnes anglaise et espagnole, et l'idée se fait jour en Grande-Bretagne, en fait pour des raisons de politique interne, qu'au fond une guerre sainte commune contre les Turcs pourrait être envisagée... Bacon, sans doute en 1622, écrit sous forme de dialogue un *Advertisement touching an Holy War* (Sp. t. VII, p. 17 *sq*), qu'il n'achève pas. Je pense que le long fragment qui nous est parvenu permet de deviner la position de l'auteur : combattre les pirates turcs en Méditerranée, certes, car les pirates sont les ennemis communs du genre humain, mais rien de plus, le texte insistant sur l'humanisme hérité des poètes païens – « il n'existe pas de nations qui soient totalement étrangères les unes aux autres » – et nier ce point, c'est être presque « schismatique dans l'ordre naturel » ; or des chrétiens ne pouvant être moins charitables que des païens, dit-il, la leçon du paganisme humaniste vaut, a *fortiori*, comme leçon de morale chrétienne.

provocations « antipapistes » des écrits rosicruciens, il fallait donc opposer une fable qui fasse l'économie des antagonismes de ce genre-là, antagonismes qui sont en outre de l'ordre de la provocation malencontreuse. Dans *Du progrès*, Bacon s'était montré conscient du fait que les hommes d'Eglise sont susceptibles de trouver au développement des sciences de la nature une odeur de fagot : susciter une panique comme celle qui agite Paris en 1623 était vraiment la dernière chose à faire. *La Nouvelle Atlantide* est bien un texte politique de part en part, car il était de bonne politique de soutenir un œcuménisme judéo-chrétien, comme d'en rajouter du côté de la piété, et autant que faire se pouvait. Un passage du *Commentarius Solutus* montre un Bacon parfaitement capable de projeter, froidement ou lucidement, la rédaction d'un texte dans toutes ses caractéristiques stylistiques, et de faire figurer, à côté du sublime, de l'élégance et de la passion à y mettre, un élément qui, sous sa plume, se nomme *superstition*, c'est-à-dire zèle religieux excessif ou exagéré..., pour lequel d'ordinaire il montre bien peu de sympathie. Dans le *Commentarius*, donc, il annonce le projet d'écrire « *an oration ad filios, delightful, sublime, and mixt with elegancy, affection, novelty of conceyt and yet sensible, and Superstition* », « un prêche aux enfants des sciences, charmant, sublime, mêlé d'élégance et de passion, neuf dans son propos mais raisonnable tout de même, et empreint de zèle religieux [39] ». Lui qui a publié des textes sévères sur et contre l'excès de zèle ou *superstition* dépeint, dans *La Nouvelle Atlantide* – non sans opportunisme –, un peuple d'une dévotion apparemment sans bornes. De fait, les bornes y sont tout de même : l'enthousiasme religieux des Bensalémiens ne les conduit jamais à être sectaires, leur zèle prend la forme d'un lyrisme piétiste plutôt que celle du dogmatisme, donc, finalement,

39. Sp. t. XI, p. 64-65. Ce texte, daté du 26 juillet 1608, ne constitue pas le projet de *La Nouvelle Atlantide* ; on peut considérer néanmoins que, lorsque Bacon eut l'idée de son utopie, il a appliqué ces idées-là.

tout va bien. De plus, quand il s'agit de faire de la science, ils font bien de la science, à l'aide de tout un arsenal de méthodes et de protocoles qui n'ont pas grand-chose de superstitieux ; le rapport de la religion à la science est relégué à la fin du texte, après la description des statues d'inventeurs ; les savants prient Dieu de faire qu'ils emploient toujours leurs travaux à des fins bonnes et saintes.

Si la littérature rosicrucienne avait échoué à comprendre que, dans l'intérêt même du développement des sciences, il était essentiel de construire la paix religieuse, l'impact public de cette littérature, y compris par le biais de la panique suscitée, était néanmoins à prendre en compte ; laisser les rosicruciens occuper tout le terrain, notamment sur le Continent, eût été catastrophique, et je crois qu'un sentiment d'urgence politique a aiguillonné Bacon (dont la préférence allait pourtant à la rédaction de la *Sylva Sylvarum*, dit Rawley), l'amenant à mettre *La Nouvelle Atlantide* en chantier, et même à en donner le texte au-x traducteur-s, pour qu'il soit mis en latin alors qu'il y manquait encore une chute littéraire, indice d'une certaine hâte à voir l'œuvre intervenir sur le Continent. Mais la préférence qu'il avait pour l'élaboration de la *Sylva Sylvarum*, texte qu'il voulait joindre à l'édition anglaise de *La Nouvelle Atlantide*, l'a tout de même emporté, et il a négligé de faire achever la version latine, dont tout porte à croire qu'elle serait parue, elle, en édition séparée.

Bacon, de surcroît, avait pu constater que la forme utopique avait toujours une crédibilité. La *Christianopolis* d'Andreae puis *La Cité du Soleil* de Campanella montraient que le genre, inauguré un siècle plus tôt par Thomas More, pouvait, en ce début du XVIIe siècle, correspondre au goût du public : comment s'étonner de ce qu'il ait voulu accomplir une reprise en main d'un mouvement d'idées en grande partie issues de son œuvre et, puisqu'il avait vu que, sous cette forme, les idées se diffusaient remarquablement bien, ait jugé qu'il fallait s'essayer à la forme utopique ? Au fond, s'il y avait des gens qui vulgarisaient sa pensée, mais en la détournant à l'occasion, pourquoi ne pas s'y mettre lui-même ? L'idée d'écrire une fable qui opère la mise en mythe de sa propre philosophie lui est probablement venue comme une manière de reprendre son bien, tout en remettant un bon nombre de questions au point, la principale de ces questions étant celle de la distinction (baconienne) du savoir humain et de la révélation, contre la confusion que le terme de théosophie propose : à ce titre, il faut considérer comme central le passage de *La Nouvelle Atlantide* dans lequel un Sage de la Maison de Salomon déclare que c'est une grâce divine spéciale que d'avoir appris à *faire la distinction* entre les miracles divins et les œuvres de la nature.

Mais à maraudeur, maraudeur et demi : dans *La Nouvelle Atlantide*, on trouve, ici et là, une réutilisation de motifs que la littérature rosicrucienne avait rendus populaires [40] ; le début du récit de *La Nouvelle Atlantide* calque le début de la *Christianopolis*, tout en s'en démarquant ; et si Bacon nomme son site *Bensalem*, Andreae avait baptisé le sien *Capharsalama*... Cela ne fait pas de Bacon un héritier de la vogue rose-croix, mais un philosophe qui, dans le cadre d'une mise au point critique contre cette même littérature, s'amuse au fond à *reprendre* les auteurs présumés de ces tracts en montrant qu'il les avait lus comme ces auteurs

40. Par exemple, le motif du chérubin qui apparaît une fois sur le sceau de l'autorité civile de Bensalem, une autre fois comme personnification de l'esprit de chasteté de Bensalem, et enfin comme motif ornemental sur la litière du Père de la Maison de Salomon, remonte assurément au texte de l'Exode (25, 18-21), qui parle de chérubins encadrant l'arche dans le temple de Salomon ; mais ce motif n'avait pas été employé de cette manière par Bacon avant *La Nouvelle Atlantide*, et s'il apparaît ici, tard dans l'œuvre d'un auteur qui s'est tout de même beaucoup répété, cela atteste vraisemblablement de lectures récentes ; or le chérubin est un grand thème de l'iconographie rosicrucienne. De la même manière, la croix rouge qui orne le turban de l'Intendant, tout en étant un emblème fort connu en Angleterre comme celui de l'Ordre de Saint-Georges, peut passer pour un clin d'œil au nom même de cette prétendue société secrète.

l'avaient lu, lui. Les « lumières rosicruciennes », pour parler comme Frances Yates, sont rappelées ici à un plus strict rationalisme [41]. Ainsi, quand les voyageurs, avec bien des circonlocutions, demandent comment il se fait que Bensalem, qui connaît le monde entier, soit inconnue des autres pays, et qu'ils disent que c'est un attribut des êtres divins que de rester cachés et inaperçus des autres, quand, inversement, ceux-ci n'ont aucun secret pour eux, l'Intendant leur répond en souriant qu'ils ont bien fait de demander pardon d'avance pour une question pareille, qui laisse supposer que, pour eux, Bensalem est un pays de magiciens qui envoient des Esprits de l'Air dans toutes les parties du monde : les Marchands de Lumière, ces envoyés que la Maison de Salomon dépêche en divers pays pour y recueillir les découvertes, ne sont pas des Invisibles ; une telle idée, le texte est explicite, prête à sourire et serait même fort mal venue. Mais la plaisanterie concernant l'invisibilité des anges trouvera au moins une occasion de se dire dans la vie de Bacon, sur un mode riche de sous-entendus : un admirateur français du philosophe, le marquis d'Effiat, un ambas-

41. Dans le monde anglophone, le débat concernant le rapport de Bacon à la littérature Rose-Croix et à l'utopie d'Andreae est antérieur à Frances Yates. Il semble qu'au XIXe siècle certains se soient efforcés de faire remonter la rédaction de *La Nouvelle Atlantide* aux alentours de 1614, ce qui aurait permis d'assurer que Bacon ne devait rien à tout cela. Mais G. C. Moore-Smith, dans l'*Atheneum* du 3 février 1900, a soutenu l'idée (globalement acceptée par les spécialistes depuis longtemps) que notre texte avait été composé en 1623, ce qui a remis la question à l'ordre du jour. En 1916, Felix Emil Held traduit en anglais la *Christianopolis* (New York, Oxford University Press, American Branch), et l'introduction qu'il donne à ce texte insiste sur l'idée que Bacon a certainement lu Andreae, ce qui me paraît incontestable. Mais il en conclut, à tort de mon point de vue, qu'Andreae est la source de Bacon : Held a tout simplement oublié que *Du progrès* était publié depuis 1605, et il n'a pas vu en quoi la philosophie qui soutient *La Nouvelle Atlantide* polémique contre celle d'Andreae. Au reste, ce débat n'aurait pas beaucoup d'intérêt, n'était son enjeu philosophique : la façon dont Bacon se démarque d'Andreae et remet au point nombre de questions permet de mieux saisir en quoi *La Nouvelle Atlantide*, malgré bien des aspects baroques et quelques trucages, relève cependant d'une volonté précise de rationalisme.

sadeur de France que Bacon appelle au reste « le marquis Fiat », lui rendit visite alors que la mauvaise santé du philosophe le retenait couché, et donc derrière des courtines : le marquis de s'écrier que Sa Seigneurie lui avait toujours semblé être comme les anges, dont il avait souvent entendu parler et à propos desquels il avait lu bien des choses dans des livres, sans jamais les voir [42]. La boutade sur l'invisibilité (angélique ou diabolique) des gens de grand savoir était sans doute devenue un bon lieu commun, dans les années qui suivent immédiatement la panique française à l'égard des rosicruciens. Mais, même à titre de lieu commun susceptible de fournir la base d'une plaisanterie, il s'était montré suffisamment dangereux pour la sérénité des débats intellectuels et la tranquillité des gens de lettres ou de sciences, sur un Continent où la chasse aux sorcières fait rage, pour que *La Nouvelle Atlantide* vienne, à point nommé, le récuser en le tournant en dérision. *La Nouvelle Atlantide* au fond désavoue le goût des mystères enfantins des textes rosicruciens de ce temps-là et insiste sur l'idée qu'il n'est pas politique de propager l'idéal d'une restauration des savoirs en l'enveloppant de ce genre de chose. Et c'est finalement une chose qui fait honneur au public du XVIIe siècle que d'avoir préféré, si l'on en juge par le nombre de rééditions, traductions et coups de chapeau divers, *La Nouvelle Atlantide* aux textes rosicruciens.

Je propose donc de voir les rapports entre Bacon et la littérature rosicrucienne du temps comme une espèce d'aller-retour, ce qui serait d'autant moins étonnant d'ailleurs que l'époque connaît une extraordinaire circulation des idées, sur fond d'histoire plus directement politique. Nous l'avons déjà signalé : le mariage, en 1613, de la princesse Elisabeth avec Frédéric V, Electeur palatin du Rhin, a en quelque sorte importé à foison en Allemagne des idées et des livres britanniques. Cette Elisabeth, plus tard « reine d'hiver » en Bohème (et mère de la correspondante de

42. Sp. t. I, p. 15.

Descartes), est une lectrice de Bacon ; en sa faveur, celui-ci veut bien même nuancer un peu son antiféminisme, ce qui n'était pas de sa part un mince ni fréquent compliment [43]. Et, si en 1620, Bacon peut écrire au roi Jacques que *Du progrès* « est apprécié dans les universités ici, et dans les collèges anglais à l'étranger », il faut probablement comprendre ces « collèges » comme les petits cercles intellectuels que certains ambassadeurs se donnaient à domicile [44]. A chaque pas, quand on explore la diffusion des livres et des idées en ce début du XVIIe siècle, on trouve des politiques et des diplomates, par exemple sir Henry Wotton, que Bacon appelle « mon cousin », ambassadeur d'Angleterre à Venise au moment du rapprochement entre la Sérénissime et Londres, et lié alors à Paolo Sarpi, défenseur vénitien des libertés civiques et scientifiques, dans le cercle duquel on trouve Galilée et, déjà cité, Boccalini, dont un texte apparaît dans le premier volume rosicrucien. Wotton, qui a espéré voir Venise s'engager dans une réforme religieuse inspirée du modèle anglais, sera ensuite ambassadeur en Allemagne, où il se chargera de diffuser le *Novum Organum* [45]. Pour comprendre dans quel contexte historique *La Nouvelle Atlantide* a été écrite, il faut se souvenir de ce que débats et nouvelles intellectuelles circulaient paradoxalement plus vite en ce temps-là qu'aujourd'hui, et que les alliances des Stuart avec les Vénitiens, le Palatinat et la Bohème avaient contribué à

43. Dans une lettre datée du 20 avril 1622, Bacon loue Elisabeth de Bohème pour sa « singulière aptitude à lire des livres et les juger », aptitude qui, selon lui, met Elisabeth au-dessus de son sexe... (Sp. t. XIV, p. 364).

44. Sp. t. XIV, p. 120 ; Henry Wotton fera lire à haute voix dans son « collège domestique » le *Novum Organum* dès réception de l'ouvrage. Noter aussi qu'il existe à la Bibliothèque nationale un manuscrit (FR. 2532), titré *L'Avancement des sciences*, qui est fait de notes prises en français sur *Du progrès*. Ce manuscrit, superbement relié, porte les armes de Philippe de Béthune, un frère de Sully qui est ambassadeur en Ecosse, puis auprès du pape.

45. Parmi ces exemplaires du *Novum Organum* qu'il se charge de distribuer en Allemagne, il en est un qu'il destine à Kepler ; et, en toute réciprocité, il fait connaître à Bacon un dispositif optique que Kepler lui a montré à Lintz (*Reliquiae Wottoniae*, Londres 1685, p. 298 *sq.*).

créer au milieu de l'Europe, au moins pour quelques années, une région où les idées s'échangent aussi bien que si tout se passait dans un mouchoir de poche. Et fébrilement aussi, car tout au long du couloir qui va de Londres au nord de l'Italie en passant par l'Allemagne, les intellectuels concernés avaient quelque raison de penser qu'ils tenaient une idée neuve et passionnante – une certaine idée de la science.

Il y a un détail dans *La Nouvelle Atlantide*, discret peut-être, mais fondamental : la nationalité précise des voyageurs n'est jamais indiquée ; il est seulement dit qu'ils viennent d'Europe. Ce détail est en parfait accord avec l'exhortation à s'unir, lancée par Bacon aux savants européens dès 1605, dans *Du progrès*. Il est en accord aussi avec la teneur des tracts rosicruciens, qui se donnent l'Europe comme espace de référence, et non un pays européen particulier. Mais il prend une valeur plus concrète encore dans son rapport avec la politique « européenne » et protestante que les Stuart ont héritée de la reine Elisabeth, contre une autre politique, catholique romaine celle-là, celle des Habsbourg et du Saint Empire romain germanique. Au début du XVIIe siècle, deux mondes rivalisent pour définir l'espace commun ; l'un, dominé par l'Espagne, défend l'ancienne communauté des divers pouvoirs politiques sous l'égide de Rome, communauté qu'il ne convient pas d'appeler l'Europe, mais plutôt le souvenir du Saint Empire ; l'autre, qui veut porter le nom païen d'Europe, indique déjà dans sa dénomination que ce n'est pas l'unité religieuse, en l'occurrence chrétienne, qui serait chargée d'assurer l'entente politique entre divers Etats : dire « l'Europe », ce n'est pas dire « la Chrétienté », mais nommer un espace géographique qui a pour unité historique d'avoir reçu l'héritage antique, paganisme et tradition judéo-chrétienne confondus, et qui doit se tourner vers les valeurs de la modernité. Au moment où Bacon rédige *La Nouvelle Atlantide*, « l'Europe protestante » projetée a essuyé bien des revers. Elle a perdu son influence à Venise ; pour ce qui est de la

Bohème, elle a été littéralement écrasée à la Montagne Blanche. *La Nouvelle Atlantide* est une sorte de réceptacle de cet européanisme : si l'on tient à lire le texte comme un testament, il vaut mieux le considérer comme celui non tant d'un homme que d'une époque et d'idées alors toutes neuves.

Les traits caractéristiques de cet européanisme sous influence anglicane ou anglo-protestante [46] sont, en matière de vie intellectuelle, le principe d'une liberté des gens de science (alors qu'en 1600 Giordano Bruno est brûlé à Rome et Campanella embastillé pour longtemps à Naples), celui d'une responsabilité des savoirs vis-à-vis du bien-être du genre humain et celui de la nécessité de créer des structures collectives ou sociétés pour le développement des connaissances et des techniques : encore une fois, des idées que Bacon avait, le premier, magistralement articulées au tout début du siècle et qui ont permis à divers cercles sous influence anglaise de cristalliser un projet propre quant à la vie savante. Une certaine idée de la science, donc, qui donne une identité (avec une promesse de liberté et de sens) aux courants intellectuels qui se rattachent aux sphères d'influence de l'Angleterre et de ce que, faute de mieux, j'appelle l'anglicanisme. Réciproquement, cette idée là des sciences donne au protestantisme ou à l'anglicanisme une identité, en particulier par contraste avec le catholicisme romain,

46. Le choix du vocabulaire, quand il s'agit de cette période, est terriblement délicat. Quand on dit, comme Frances Yates, que Antonio De Dominis, archevêque de Spalato (port satellite de Venise sur la côte dalmate), se convertit à l'anglicanisme en 1616, on veut dire qu'il adhère à l'Eglise d'Angleterre, mais rien de plus précis, comme en témoigne une remarque d'Andrews rapportée par Bacon : on demandait à Andrews si De Dominis était protestant, et le prélat britannique de répondre : « En vérité, je ne sais pas, je sais seulement que c'est un détestant – de plusieurs opinions de Rome » (Sp. t. VII, p. 159). De fait, ce qui complique tout, en ce début du XVIIe siècle, c'est que l'Eglise d'Angleterre, dont la définition est claire seulement comme Eglise nationale, se trouve en situation d'essaimer hors de Grande-Bretagne. En 1616, Bacon examine ce point par rapport aux colonies (Sp. t. XIII, p. 51), mais la question se posait aussi vis-à-vis de l'Europe.

quand celui ci s'identifie aux pratiques de l'Inquisition, de la mise à l'Index et de la politique espagnole.

Au-delà de cette base commune à bien des gens du tout début du XVIIe siècle, en Angleterre et sur le Continent, commencent sans doute les divergences : certains de ces intellectuels s'appesantissent sur des éléments repris à la tradition hermétique et d'autres non ; il en est qui ont mieux compris que d'autres l'intérêt de la Cabale héritée de philosophes comme Pic de la Mirandole, et qui pensent donc qu'en reméditant le sens spirituel de la tradition juive et de la tradition chrétienne on trouve l'unité des deux ; certains penchent, certes, vers des diatribes violentes contre la Papauté, tandis que d'autres, dont Bacon, cherchent à développer au mieux une pensée de la tolérance, et à ouvrir le mouvement à tous les savants, quelle que soit leur confession. Il est certain aussi qu'il y a des catholiques romains dans ce mouvement d'idées, centré pourtant sur la défense des libertés des gens de sciences vis-à-vis de l'autorité romaine. Ceci explique l'influence de Bacon en France, de son vivant même, la France comptant à cette époque un bon nombre de catholiques libéraux, que déjà Sarpi avait salués [47]. A la génération suivante, les puritains

47. Bacon, adolescent, a fait un long séjour en France : il est fort vraisemblable qu'il en ait retenu les idées du Parti des politiques, qui cherchait à apaiser les conflits religieux. Dans son *Histoire du Concile de Trente*, publiée à Londres en italien (1619) puis en latin (1620), Sarpi reproche à ce Concile (qui a médité la Contre-Réforme) de ne pas avoir invité les protestants et de ne pas avoir écouté les catholiques français, plus libéraux que bien d'autres. Un tel jugement sur le catholicisme français peut se confirmer aussi pour le siècle de Louis XIII, à la lumière de la grande vogue de la philosophie de Bacon en France du vivant même de l'auteur, vogue amorcée par des politiques bien avant que des philosophes ne s'intéressent à notre auteur : l'entreprise de traduction des œuvres baconiennes n'aurait pas été possible s'il n'y avait pas eu en France au moins une tendance catholique libérale, et ce dans des cercles proches du pouvoir royal. André Maugars, qui était allé à Londres à la suite de l'ambassadeur chargé de rédiger le contrat de mariage d'Henriette de France, et qui traduira *The Advancement of Learning*, s'est certes senti obligé d'expurger certains passages, mais la préface qu'il donne à sa traduction indique tout de même qu'en France, à

britanniques vont s'impliquer considérablement dans le mouvement [48]. Toutes les nuances ou divergences internes peuvent exister, bien sûr, et *La Nouvelle Atlantide* a le mérite de préciser la position de Bacon dans ce jeu de possibilités. Mais c'est la base commune, et qui est moderne, qui permet d'identifier le phénomène, un fait historique suffisamment prégnant pour avoir suscité l'adhésion de gens appartenant par ailleurs à des courants culturels divers.

Une idée moderne, même chez Andreae : je m'écarterai de France Yates sur l'appréciation historique à porter sur le mouvement qu'elle a si bien décrit et dont elle a été la première exploratrice ; elle voit les Lumières rosicruciennes comme radicalement portées vers un passé de type hermétique ou empreintes d'une tradition renaissante, elle-même engouée de symboles et d'emblèmes occultes ; et elle voit *La Nouvelle Atlantide* comme l'indice de ce que Bacon aurait été, sur le tard, un récitant de cette tradition rosicrucienne issue elle-même d'un hermétisme qui remonterait, sinon à la nuit des temps, du moins à la basse Antiquité. Elle a tendance, plus généralement, à voir tous les auteurs de cette fin de la Renaissance ou du début des temps modernes comme portés par une résurgence, à mes yeux assez inexplicable, d'un mystérisme archaïsant et finalement très littéraire. Je n'en crois rien : la base commune des textes philosophiques de notre auteur, des tracts « rosicruciens », comme de tout ce qui se concocte dans le nord de l'Italie, c'est l'idée, moderne et historiquement pertinente, du caractère nécessaire d'un libre développement, qu'on espère philanthropique, des sciences de la nature. Même les versions dites rosicruciennes, qui s'agrémentent de mystères ou de secrets, procèdent de cette idée, qui est neuve,

---

l'époque, il y avait une volonté de tolérance ou d'apaisement, au profit « des arts et des sciences, dont les controverses n'ont rien de commun avec celles de la foi », dit Maugars.

48. Charles Webster, *The Great Instauration*, Londres, 1975, éd. Duckworth, insiste beaucoup sur cet apport des puritains, mais il traite d'une période postérieure à la mort de Bacon.

moderne et suffisamment porteuse de promesses pour avoir conduit le jeune Descartes à vouloir entrer en contact avec ceux qui étaient supposés la propager. Si l'essentiel du message rosicrucien avait été de type mystériste ou hermétique, on comprendrait mal que Descartes ait cherché à se mettre en rapport avec eux, ou du moins ai-je du mal à l'imaginer. Non que je pense qu'il était impossible à un philosophe de s'intéresser à des questions irrationalistes (Descartes lui-même a prouvé qu'il en était capable), mais tout simplement parce que, si l'hermétisme ou les jeux de symboles étaient vraiment ce qui avait capté son attention, il n'aurait pas éprouvé le besoin de rencontrer des personnes : il y avait tous les livres qu'il fallait pour cultiver ce goût-là.

De plus, il faut dire une bonne fois que les textes du canon hermétique sont révélationistes : ils reposent non sur l'idée d'une libre et laborieuse recherche de la vérité mais sur le principe d'une révélation particulière concernant la cosmogonie et des choses du même genre. Corrélativement, ils mettent en scène un autoritarisme extraordinaire exercé par le personnage qui révèle vis-à-vis du « disciple » qui bénéficie de son enseignement : cette structuration des œuvres hermétiques la situe à l'exact opposé de ce qui se cherche en ce début du XVIIe siècle, et d'abord chez Bacon, à savoir une idée des sciences comme libre examen, travail, savoirs élaborés à la sueur du front (*sic*), une connaissance dont les ouvriers ont à être responsables, et qui se construit dans la temporalité. Or tout ceci induit un autre modèle pour les relations pédagogiques, qui, du point de la science nouvelle, doivent être douces, éveillantes, bienveillantes et respectueuses des « enfants des sciences », ceux qui continueront à filer le fil, et dont le droit au libre examen n'est jamais bafoué, puisque aussi bien il constitue un moteur essentiel du progrès scientifique. La douceur, l'humanité et la bienveillance constituent la tonalité explicite de *La Nouvelle Atlantide*. La responsabilité des gens est partout, même dans l'accueil de l'évangélisation miraculeuse de saint Barthélemy : l'arche leur est envoyée, mais c'est aux Bensalémiens qu'il revient de comprendre l'envoi, et seul le bateau du Sage qui a interprété adéquatement la merveille se trouve « délié » de l'entrave qui l'empêchait de s'approcher de l'arche... On se souvient de ce que, dans le mythe de la caverne, ce n'est pas sans violence que l'on arrache les prisonniers à leur contemplation des ombres. Les textes du *Corpus Hermeticum* ont repris cette pédagogie de *La République*. De ce point de vue, l'absence de violence dans *La Nouvelle Atlantide* et dans toute l'œuvre de Bacon constitue proprement un trait pertinent, marquant la rupture avec la pensée platonicienne et interdisant, accessoirement, qu'on considère le texte comme hermétique. Il vaut mieux s'attacher à la richesse littéraire du texte, qui est grande, et cesser d'y chercher des renvois à une doctrine hermétique qui, philosophiquement parlant, appartenait désormais au passé. Dans *La Nouvelle Atlantide* un modèle aussi antithétique que possible de l'hermétisme est proposé : le travail collectif, et non la révélation, en vue de connaître les causes et le mouvement secret des choses, dans leur pluralité ou leur éparpillement, et non la clef unique et ultime d'une cosmogonie. Signalons en outre qu'Isaac Casaubon, qui a été des lecteurs et correspondants de Bacon avant d'émigrer en Angleterre, a publié en 1614 son *Hermetica*, un livre dédié à Jacques Ier : il y démontre que les textes du Corpus hermétique ne remontent pas au légendaire prêtre égyptien Hermès Trismégiste, mais datent de l'Antiquité tardive, postérieure au Christ. Cela contribuait à mettre désormais ce Corpus à la disposition de reprises, non plus étroitement croyantes mais élégamment littéraires, et toujours ajustées aux besoins de la cause du moment.

⋆

⋆ ⋆

« J'ai entendu Sa Seigneurie se plaindre de ce que lui, qui se pensait digne d'être l'architecte [pour la construction de l'édifice des sciences restaurées], soit forcé d'y être un ouvrier ou un homme de peine, de creuser pour extraire l'argile et de cuire les briques [49] », écrit Rawley. *La Nouvelle Atlantide* était prévue pour être publiée avec la *Sylva Sylvarum*, une œuvre pour laquelle, il est vrai, Bacon s'était astreint à un travail de tâcheron, inventoriant des faits d'histoire naturelle et des expériences possibles en ce domaine [50]. *La Nouvelle Atlantide* est, au contraire, l'œuvre architecturale ou architectonique, en tant qu'elle décrit la globalité du projet. Son éthique, son esthétique, son imaginaire. Si l'on cherche à l'analyser, et à y retrouver des emprunts, on s'aperçoit que Bacon coordonne des matériaux de provenance fort diverse.

Car ce rêve d'une société par et pour la recherche technico-scientifique a des appuis dans l'Histoire. L'Histoire contemporaine, d'abord. Nous avons déjà évoqué les liens de l'Angleterre avec Venise au début du XVIIe siècle ; or la Venise de ce temps-là peut se reconnaître dans Bensalem à bien des détails, à commencer par la défiance manifestée par l'autorité civile de l'île à l'égard de la contagion. Les voyageurs anglais racontent que les villes italiennes craignaient, à juste titre, les arrivées de peste ; tout étranger devait par conséquent produire, à l'entrée de chaque ville, un *bolletino della sanita*, un certificat de bonne santé. Faute d'un tel document en arrivant à Venise, on était

49. Sp. t. II, p. 336.
50. Rawley publie *La Nouvelle Atlantide* à la fin du volume contenant la *Sylva Sylvarum*. On hésite, évidemment, à faire valoir son propre jugement contre la connaissance que Rawley avait des intentions de Bacon. Cependant, je crois que l'ordre aurait pu être le suivant : *La Nouvelle Atlantide*, comme une préface-fiction qui se termine par la description des travaux de la Maison de Salomon, puis les *Magnalia Naturae*, et enfin la *Sylva*, c'est-à-dire l'architectonique du projet d'abord, et ensuite une descente progressive dans le détail des phénomènes, la *Sylva* étant comme une version plus développée (et moins enchanteresse) des expériences à faire en histoire naturelle. Un texte de propagande pour commencer, suivi d'un catalogue d'alléchantes merveilles, puis l'austère labeur à entreprendre pour (peut-être) arriver un jour à ces merveilles.

consigné dans une maison, le *lazeretto nuovo*, où, durant quarante jours, on était logé et nourri agréablement, jusqu'à ce que preuve soit faite de la bonne santé [51]. Le personnage de Joabin, l'ami juif « sage et cultivé » du narrateur, et l'intégration de la communauté juive préconisée par notre texte semblent sortir tout droit du célèbre livre de Thomas Coryate *Crudities* [52] et de celui de Moryson. Amuseur patenté de la Cour, Coryate avait fait, à pied, le voyage de Venise et son livre donne une description fort sympathique de la communauté juive vénitienne, des *goodly et proper men*, de respectables gens de bien ; il raconte en outre qu'un jour, se promenant dans le Ghetto, il a rencontré un rabbin fort cultivé, avec lequel il a parlé théologie : son interlocuteur reconnaissait dans la personne de Jésus un grand prophète, tout en lui refusant (évidemment !) le statut de Messie [53]. Plus encore, ce

51. Fynes Moryson, *An Itinerary*, Londres, 1617. Rééd. fac-similé, Da Capo Press, Theatrum Orbis Terrarum, Amsterdam, 1971, p. 74. Comparer avec *infra*, p. 87.

52. Thomas Coryate, *Crudities*, ed. William Stansby, Londres, 1611. Rééd. fac-similé, Londres, 1978, p. 216.

53. *Ibid.*, p. 232-233. Comparer avec les vues prêtées à Joabin dans *La Nouvelle Atlantide*, p. 112. Il convient de signaler qu'une telle théorie n'est pas radicalement étrangère à Bacon : dans sa *Confession of Faith*, le Christ est dit « grand prophète et interprète parfait de la loi » (Sp. t. VII, p. 222). L'édition Spedding date cette *Profession de foi* par le fait que l'auteur y est désigné, dans le titre donné au manuscrit par un secrétaire, comme « Mr Bacon », ce qui en ferait un texte antérieur à son accès au titre de Sir Francis en 1603. L'argument est fragile, car, même après la mort de Bacon, Rawley parle parfois de lui en l'appelant « Mr Bacon », quand il *pense* que ce qu'il rapporte est antérieur à l'ennoblissement de l'auteur (voir par ex. *Some Additional Apophthegms*, Sp. t. VII, p. 179 *sq.*). La première édition, posthume, dans les *Remains*, dit que le texte fut écrit quand Bacon était *solicitor general*, donc après 1607, ce qui est plus vraisemblable. En outre, les circonstances de la rédaction de cette « profession de foi » n'ont pas été éclaircies, et l'on ne sait donc pas si Bacon a écrit ce texte « pour lui-même » ou pour le soumettre à l'approbation de quelqu'un, ou encore (et c'est ce que je pense) pour le faire circuler en manuscrit auprès de correspondants privilégiés, auxquels il livrerait sa version – rationaliste – du monothéisme. Pour l'interprétation de *La Nouvelle Atlantide*, il est dommage qu'on en sache si peu, car les vues exposées et assumées par Bacon dans la *Profession de foi* montrent, avec des emprunts sociniens, une influence de la Cabale juive et chrétienne

qui rapproche Bensalem de Venise (outre l'orientalisme occasionnel du texte, les turbans, la présence d'Indiens, de Persans, etc.), c'est la fonction centrale de la Maison de Salomon pour l'une et de l'Arsenal pour l'autre.

Les voyageurs anglais revenant de Venise ne manquent pas de se faire l'écho du discours vénitien concernant cet Arsenal : « *Arsenatus noster est maximum fundamentum Status nostri* », « Notre Arsenal est le fondement majeur de notre Etat [54] ». Cette position officielle fut adoptée à la fin du XVe siècle, et reprise sous des formes diverses, comme celle-ci : « La maison de l'Arsenal est le cœur de l'Etat vénitien. » Et Francesco Sansovino avait proposé une étymologie philologiquement fantaisiste mais politiquement profonde du nom : « *Arsenatus* » viendrait, selon lui, de *Arx Senatus*, car l'Arsenal est le rempart, le bastion, les fondations et le soutien de la République symbolisée par son Sénat. Coryate et Morison ne manquent pas de rappeler des choses de ce genre et d'autres anecdotes encore. Quand Bacon dit de la Maison de Salomon qu'elle est « la plus noble fondation » ou « le plus noble fondement » et le flam-

italienne : il réussit vraiment à souder les deux religions, à faire des prophètes des évangélistes, et de la Synagogue déjà l'Eglise, si bien qu'on peut penser que le Joabin de *La Nouvelle Atlantide* n'est autre que l'auteur, et que globalement cette *Confessio* expose la théologie des Bensalémiens. Pour ma part, je crois la rédaction de la *Confessio*, telle qu'elle nous est parvenue, assez tardive. Le style, une belle prose anglaise lisse ne comptant qu'un seul mot de latin, ne correspond pas du tout à celui des écrits du début du siècle. Il est possible que Bacon en ait écrit une première version, peut-être comme un pendant à *Cogitata et Visa* (texte soustrait à la publication par son auteur, mais destiné à circuler en manuscrit), donc comme une mise au point très précise de ses idées pour le bénéfice de quelques *happy few*, et ce au moment où il comprend qu'il a des interlocuteurs privilégiés et qu'il pourrait en avoir d'avantage. Mais cette première version a pu être réécrite ou peaufinée plus tard, dans un style plus proche de *L'Histoire de Henry VII* et de *La Nouvelle Atlantide* que de celui de *Du progrès* ou de *Certain Considerations Touching the Pacification and Edification of the Church of England*.

54. Cité par Ennio Concina, « L'Arsenale, una fabbrica ininterrota », in *Architettura e Utopia nella Venezia del Cinquecento*, a cura di Lionello Puppi, Milan, 1980, p. 103.

beau de ce royaume, il reprend leur vocabulaire, en proposant en outre un engendrement circulaire : c'est ce que Bensalem a fondé de plus noble, et ce qui, réciproquement, la fonde noblement. Ce modèle moderne peut au reste renvoyer à un autre, bien plus ancien : l'Alexandrie de l'époque hellénistique a connu une prodigieuse école dans laquelle les savants se consacraient aux sciences les plus techniques, concernant les conduites d'eau, les pompes, les orgues hydrauliques, etc. Comme le montre Bertrand Gille, le souvenir de cette école, donc de l'idée d'une vocation techniciste de la vie intellectuelle, ne s'est jamais complètement effacé au cours du Moyen Age [55]. Pour ne citer que lui, Roger Bacon, quand il rêve en plein XIIIe siècle de machines à naviguer, à voler, à marcher jusqu'au fond de la mer et autres « engins inouïs », s'en montre l'héritier. La Renaissance et le début des temps modernes, qui ont vu apparaître tant d'ingénieurs de talent, n'ont pu que revendiquer davantage encore cet héritage.

Le site insulaire de Bensalem est surdéterminé par des souvenirs littéraires. Nous avons déjà évoqué Montaigne, qui, dans *L'Apologie de Raymond Sebond*, a joué de la métaphore du voyage de Grandes Découvertes, découvrant îles et continents, pour contester le dogmatisme et la fermeture du « tout est trouvé et tout est vu ». Une dette plus forte encore va sans doute à Thomas More et au jeu de son *Utopie*, qui crée une île insituable dans l'espace de référence, *nulle part*, donc éventuellement *partout*. Mais, dans Bensalem, on doit reconnaître aussi la Rhodes de Pindare, de Vitruve et de quelques autres. Pindare dit que, lorsque Zeus et les immortels se partagèrent le monde, Hélios, absent, fut oublié, si bien que Zeus pensa à recommencer le tirage au sort. Mais Hélios ne le voulut pas car, dit-il, voici qu'il voyait surgir du fond de la mer écumante une terre qui serait nourricière pour les êtres humains

55. Bertrand Gille, *Les Ingénieurs de la Renaissance*, Paris, éd. Hermann, 1964, rééd. Seuil, 1978.

et propice aux troupeaux : il voulut pour apanage cette île en train de germer et grandir ; il s'unit à elle, et en eut sept fils, auxquels il transmit l'esprit le plus inventif [56]. A la Rhodes pindarique, hors partage d'abord, puis centre du monde, nouvelle-née car jaillissante sous le regard d'Hélios, dieu de la Lumière, répond Bensalem, l'île « au-delà de l'Ancien et du Nouveau monde », où l'on réunit toutes les pousses de lumière du monde, et qui a littéralement surgi des flots à la prière des voyageurs. Le livre VI du *De Architectura* de Vitruve décrit une arrivée à Rhodes d'une manière que *La Nouvelle Atlantide* reprend : un bateau fut jeté sur une côte inconnue. Les naufragés prirent pied sur une plage, et l'un d'eux, Aristippe, philosophe socratique, voyant dessinées sur le sable des figures de géométrie, s'écria : « Courage, compagnons, voici des traces de pas humains ! » Les Bensalémiens rassureront les voyageurs par une autre trace, non des figures de géométrie, bien sûr, car notre auteur était hostile à la survalorisation des mathématiques, mais le signe de la croix sur le parchemin ; de plus, ils prouveront leur humanisme ou leur degré de civilisation par le fait qu'ils parlent plusieurs langues. Ajoutons que de nombreux auteurs antiques ont célébré la puissance et l'habileté maritimes des Rhodiens, ainsi que leur humanité : connus pour s'abstenir de tuer ou de vendre comme esclaves leurs prisonniers de guerre [57], ils ont élaboré le premier code maritime que l'Histoire ait enregistré, et qu'Auguste devait par la suite étendre à tout l'Empire : c'est la *Lex Rhodia*, qui met l'accent sur la solidarité et propose une réglementation de l'usage des ports.

Toutes les références évoquées restent implicites. Il n'en va pas de même, évidemment, de la reprise, explicite et fort riche en modifications, du mythe platonicien de l'Atlantide. L'Atlantide a fait couler tant d'encre fantaisiste qu'il n'est pas inutile ici de rappeler

56. Pindare, *Septième Olympique*.
57. Comparer avec *La Nouvelle Atlantide*, p. 100.

qu'il s'agit d'un mythe, et d'un mythe forgé par Platon, non d'une légende populaire que le philosophe grec aurait reprise. Les recherches de Stéphane Gsell, professeur au Collège de France au début du siècle, puis de J. Imbelloni et A. Vivante [58], ont établi que, dans l'Antiquité, « l'Atlantide n'est nommée que par Platon et par ceux qui l'ont lu ». Certes, dans le *Timée* et le *Critias*, le personnage qui conte la fable prétend la tenir de Solon (638-558 av. J.-C.), qui l'aurait lui-même recueillie au cours d'un voyage en Egypte. Mais, comme on sait par le *Phèdre*, il ne coûtait guère à Socrate (ou à Platon) d'inventer des fables égyptiennes ou de quelque pays qu'on voudra [59]. Et les témoignages imputant la fable à Solon revenant d'Egypte sont tous postérieurs au *Timée*. Plutarque dit : « Solon [...] apprit des Egyptiens l'histoire de l'Atlantide, comme le dit Platon, puis il entreprit de la faire connaître aux Grecs au moyen d'un poème », mais ceci ne peut pas être vrai : Solon meurt en 558, Socrate en 399, Platon écrit le *Timée* vers 355, soit environ deux siècles après la mort de Solon, et pendant ces deux siècles apparemment personne n'avait entendu parler (encore) ni de l'Atlantide ni du poème que Solon, au reste, n'aurait pas achevé [60] ! Le témoignage d'Aristote conservé par Strabon montre en outre que les élèves de Platon n'étaient pas tous dupes de cette fable : Aristote dit que son maître avait fait s'engloutir l'île de l'Atlantide de la même façon qu'il l'avait fait surgir des eaux, d'un trait de plume ou de stylet. Mais d'autres disciples de Platon, « avec la mysticité un peu lourde qui semble les avoir caractérisés », ont pris au sérieux toute cette histoire [61].

58. *Le Livre des Atlantides*, tr. fr. Paris, Payot, 1942.

59. *Phèdre*, 275 b.

60. L'inachèvement semble la fatalité du genre : Platon prête à Solon l'intention inaboutie d'écrire un poème sur l'Atlantide ; lui-même laisse un *Critias* dont le texte s'arrête au milieu d'une phrase, et Bacon à son tour entreprend une *Nouvelle Atlantide* apparemment (ou délibérément ?) inachevée.

61. André Rivaud, *Timée et Critias*, Les Belles Lettres, coll. Budé, Paris, 1925, p. 28.

Ajoutons que, si le mythe a une force onirique indéniable, au point de constituer une sorte d'allégation de réalité, il ne saurait en aucun cas être l'écho légendaire d'un fait historique. Le mythe de l'Atlantide tire sa spécificité, par rapport à tant de légendes de villes englouties, et sa force imaginaire, de sa mise en scène d'une île très vaste (plus grande que le monde connu des Anciens [62]), engloutie à une époque où elle aurait été porteuse d'une brillante civilisation. Or ces deux traits ne sont justement pas possibles ensemble : il y a certes eu des vastes portions de terre abîmées dans les flots, mais non à l'époque historique, après donc l'apparition des civilisations ; réciproquement, à l'époque historique, il y a bien eu des disparitions d'îles peuplées ou de villes, mais il ne s'est jamais agi que de territoires fort restreints.

L'engloutissement d'un continent de taille prodigieuse a une valeur imaginaire qui n'a rien à voir avec la submersion d'une petite île : un « grand socle » a disparu, et ceci figure la perte d'un être originel, lequel pouvait au reste être mauvais ou bon, si bien que la perte peut elle-même être une chance ou un malheur. Dans le récit platonicien, l'Atlantide est l'ennemie de l'Athènes archaïque et, au moment de sa disparition, elle est peuplée d'hommes sans vertu ; la catastrophe qu'elle subit n'est sûrement pas à percevoir comme un événement malheureux. Bacon reprend cette structure et n'invite pas non plus à verser trop de larmes sur le destin, ici d'ailleurs moins funeste que chez Platon, des Atlantidiens.

Cette structure correspond suffisamment à une question théorique qu'il traite ailleurs pour être vue comme l'esquisse d'une allégorie. La tradition judéo-chrétienne laisse entendre qu'Adam, avant le péché originel et la Chute, avait une sorte de connaissance totale et immédiate des créatures : n'avait-il pas été préposé à nommer toute chose ? D'autre part, Salomon était censé avoir

62. Platon dit qu'elle est si grande que c'est elle qui mériterait le nom de continent et nous qui serions à proprement parler une île en face d'elle (*Timée*, 25a).

détenu un fort grand savoir, concernant notamment toutes les plantes, « depuis le cèdre qui est au Liban jusqu'à l'hysope qui jaillit du mur [63] ». Dès lors, une idée est théoriquement possible dans ce contexte culturel, idée qui consiste à imaginer qu'à l'origine il y avait un Grand Savoir (adamique) qui a été perdu, en gros au moment de la Chute, mais que ce savoir a tout de même laissé des lambeaux derrière lui.

Bacon joue constamment avec cette possibilité. Quand il nomme son projet global *Instauratio Magna*, il sait bien qu'« *instauratio* » veut dire « reconstitution » ou « restauration à l'identique », le terme étant à tort ou à raison supposé construit sur *instar* [64]. Jouer avec l'idée qu'on peut reconstituer le savoir d'Adam et le Paradis originel présente un intérêt évident, puisque cela permet d'inscrire le projet philosophique dans un grand cadre culturel, mythico-religieux. Mais, tout de même, quand on est philosophe, on ne peut pas présenter une idée pareille comme si l'on y croyait vraiment et comme si l'on invitait les gens à y croire : ce serait *infra dignitatem*... Alors, on insiste sur le fait que ce n'est jamais qu'une manière de parler, un jeu encore une fois, ou seulement une hypothèse possible, un problème qu'il n'est au fond pas important de trancher, sans cependant manquer une seule occasion d'y faire allusion. De la même manière, dans le *Novum Organum*, la *Redargutio* et *Cogitata et Visa*, Bacon joue avec l'idée que l'Amérique est peut-être l'Atlantide connue des Anciens, tout en assurant qu'il n'importe pas du tout de savoir si tel est le cas, ou si le Nouveau Monde vient d'être découvert par l'Ancien pour la première fois [65]...

63. I Rois, 4, 33, ou 5, 13, selon classification. Cité dans *La Nouvelle Atlantide*, p. 105. Comme à l'accoutumée, Bacon cite à sa guise, et substitue la mousse à l'hysope.

64. Voir d'ailleurs le chapitre sur Deucalion dans le *De Sapientia Veterum* (Sp. t. VI, p. 661) dans lequel Bacon prend comme synonymes *restitutio*, *renovatio* et *instauratio*.

65. *Novum Organum*, livre I, aph. 122 ; *Redargutio Philosophiarum*, Sp. t. III, p. 574 (tr. fr. Deleule et Rombi, p. 119) ; *Cogitata et Visa*, Sp. t. III, p. 605 (tr. fr. *ibid.*, p. 179).

Bensalem, au bout du compte, est une île située à la confluence de l'Antiquité gréco-latine, de la tradition biblique et de la modernité, et ces diverses traditions font bon ménage, ce qu'au reste le nom de l'île annonce sans doute, puisque « Bensalem » peut s'interpréter comme « enfant de la paix ». Mais on remarquera aussi que tout y est « comme en Europe » ou « comme chez nous », au degré de perfection près. Le poil de chèvre est plus chatoyant, la cuisine meilleure et plus variée, les gens plus pieux, plus chastes, plus accueillants à l'égard des étrangers..., mais rien, hormis l'existence de la Maison de Salomon, ne marque, dans cette île, une altérité radicale par rapport à l'Europe. Alors que Thomas More déclarait que la leçon de l'Utopie est la plus éloignée qui soit du mode de vie du monde, la plus étrangère même après celle de l'Evangile, Bacon insiste, lui, sur une simple amélioration. Il est coutumier du fait : la dernière page de *Du progrès* affirmait qu'il a eu l'intention de procéder seulement *in melius* [en mieux] et non *in aliud* [différemment]. Il s'affiche constamment comme un réformateur conservateur : ne changeons rien, améliorons tout, en nous donnant les moyens de créer, grâce au développement des sciences, toute l'opulence désirable. Une telle idée rend compte du caractère pratiquement achevé (et non inachevé, comme l'assurait Rawley) du texte, pour une raison fort simple : ce réformisme conservateur de Bacon pouvait convenir à n'importe quel système socio-politique. Il n'y avait, pour lui, aucune nécessité interne de doter sa Bensalem d'un système de lois particulier, ou de « la meilleure constitution pour un gouvernement ». Ou, si vraiment on tient à imaginer ce qu'il aurait pu en dire, on peut gager que la constitution en question aurait été similaire à celle de l'Angleterre, avec des améliorations, notamment du côté de la clarté des lois, car la certitude des lois était, selon lui, la première de leurs qualités. Dans un *masque* de Ben Jonson, le Sphinx demande à Cupidon de trouver un monde hors du monde, dans lequel l'œil fasse tout, et soit lumière et trésor à la fois. Cupidon répond : « C'est fait, j'ai trouvé ! La Grande-Bretagne est ce monde hors du monde... [66] »

La force onirique du texte tient, paradoxalement, à la proximité de Bensalem avec le monde connu : le public britannique du XVIIe siècle avait tout lieu de reconnaître son monde culturel dans bien des éléments du récit, et d'en jubiler. La Maison des Etrangers, par exemple, est, au-delà des maisons de quarantaine en Italie, un rappel de cette institution anglaise majeure des *alms houses*, les maisons de charité qui étaient un peu aussi des lieux de surveillance ; plus précisément encore, il y eut longtemps à Londres, sur un quai de la Tamise, un couvent Sainte-Catherine, fondé par la reine Aliénor, où les étrangers auxquels, pour une raison ou une autre, on n'accordait pas le droit d'entrer dans la ville, pouvaient au moins mettre pied à terre [67]. Quant à l'entrée solennelle du Père de la Maison de Salomon, elle rappelle les entrées royales que les souverains de l'époque faisaient dans les villes auxquelles ils rendaient visite : la seule différence marquante entre la scène du récit et une scène que les citadins et les gens de cour connaissaient d'expérience, c'est qu'Elisabeth et Jacques étaient nécessairement protégés par des hommes en armes, tandis que notre texte souligne l'absence du métal et des chevaux ; insistant sur la relation irénique entre la foule et le cortège, Bacon transpose cette pratique sociopolitique dans un registre plus sublime.

Les voyageurs de *La Nouvelle Atlantide* sont, à un moment donné, « stupéfaits d'entendre des choses aussi étranges racontées de façon aussi vraisemblable [68] », quand l'Intendant leur donne un aperçu des voyages scientifiques entrepris par les Bensalémiens.

66. Ben Jonson, *Love freed from ignorance and folly* (1610).
67. Margaret Llasera et moi devons cette remarque à Mme Juliette Decreus, de Queen Mary College (Londres), lectrice de notre première édition de *La Nouvelle Atlantide*.
68. Voir *infra*, p. 106.

Et, assurément, une utopie qui veut convaincre du caractère plausible de ce qu'elle préconise doit mettre en scène son programme de cette façon-là, qui s'oppose nettement au genre du voyage fantastique, lequel veut que l'on croise des merveilles et des monstres à chaque escale : le merveilleux, ici, est soumis à un strict principe de régulation ; il ne peut être que l'amplification émerveillante de choses connues ou d'idées raisonnables. D'ailleurs, dans sa préface à la *Sylva Sylvarum*, Rawley rappelle que Bacon avait pour but « de rendre les choses merveilleuses obvies, et non des choses obvies merveilleuses ». Pourtant, le balancement explicité par l'auteur, « des choses étranges racontées de façon vraisemblable », se renverse, au moins pour les lectrices et lecteurs d'aujourd'hui : lue trois siècles et demi après sa rédaction, la fable nous étonne parce qu'elle nous entretient, de façon parfois bizarre, de choses qui, dans l'intervalle, sont devenues d'une grande banalité. Ainsi, dans les ors et les lierres de la Fête de la Famille, on peut se plaire à retrouver l'ancêtre de nos prix pour familles nombreuses ; et, dans cette Maison de Salomon pleine de frères enturbannés, on peut reconnaître tel ou tel organisme étatique ou national de recherche scientifique, à telle enseigne qu'en 1987, rendant visite à l'Académie des sciences de Paris, le président de la République française a pu filer la métaphore baconienne, et dire aux académicien-ne-s : « Vous êtes la Maison de Salomon, etc. [69]. » Mais, dans la lecture de notre texte, un

69. Je remercie M. Jean-Daniel Lévi, alors conseiller du président pour la recherche, de m'avoir fait parvenir le texte de ce discours qui a marqué le come-back du Chancelier Bacon sur une scène politique, après deux siècles d'absence en France et davantage encore sans doute en Grande-Bretagne. Durant la Révolution française, les représentants du peuple avaient beaucoup réfléchi à l'importance politique de la pensée de Bacon, si bien que lorsque Lakanal, en Brumaire de l'an III de la République, déclara à la Convention : « Citoyens, depuis longtemps la partie éclairée de la nation demande une bonne traduction de Bacon », la proposition fut adoptée et les subventions pour faire imprimer cette traduction votées. *Le Moniteur universel* publia cette décision nationale, qui marque l'apogée, en France, d'un intérêt aussi politique qu'intellec-

turban, une chaussure de velours couleur fleur-de-pêcher, un bric-à-brac emblématique, pour ne rien dire de certaines propositions scientifiques aujourd'hui archaïques, viennent constamment rappeler la distance : Bensalem n'est pas notre monde, c'est une île située dans une enclave secrète des mers du Sud ou dans un livre visionnaire du début du XVIIe siècle, comme on voudra. Le plaisir du texte tient à ce qu'il fait flotter entre deux impressions contradictoires : un sentiment de proximité qui permettrait de parler de l'« actualité » de Bacon et la perception d'une étrangeté ou d'une distance infranchissable.

Cette contradiction, qui assure pour nous la puissance onirique de la fable, peut aussi en faire la force critique : on pourrait certes dire que, dans ce texte, les organismes nationaux de recherche, la politique familialiste, l'idée d'une société en expansion indéfinie, l'autorité douce mais sans appel de savants, la surveillance des individus assistés, jusqu'au détail des bulletins de prévision météorologique... tous ces fils qui tissent notre conscience moderne, voire notre conscience de modernité, se retrouvent, mais exposés dans un texte soucieux de pompe et de grandiloquence (ce fut un de nos soucis de conserver, en le traduisant, le ton noble qu'il se donne), et constamment superposés à une étiquette de cour et des révérences jusqu'à terre, qui rompent l'identification et le jeu de reconnaissance : Brecht, qui était un admirateur du Chancelier Bacon, dirait que ces éléments aujourd'hui exotiques permettent une précieuse mise à distance de ce que la fable expose. Mais une lecture de *La Nouvelle Atlantide* aujourd'hui doit pousser la

---

tuel pour Bacon, intérêt que les Encyclopédistes et les philosophes des Lumières avaient déjà bien établi : Voltaire et les autres voyaient dans Bacon non seulement le fondateur de la philosophie expérimentale, mais aussi le critique des universités et de la religion, qui ensemble forment ce qui gâte la perfection de la raison humaine, pour reprendre les termes des *Lettres philosophiques*. Par la suite, et dès le règlement de septembre 1809 fixant la liste des auteurs pour le Baccalauréat, Bacon devient simplement, et pour longtemps, un auteur au programme.

critique plus loin : puisque le texte nous livre, en bloc, et une certaine idée de la science et sa mise en mythe, il nous faut nous demander ce qui, du mythe en question, vient encore jusqu'à nous.

Car il n'est pas complètement sûr que trois siècles et demi de développement des sciences aient parfaitement opéré la distinction entre une organisation effective et efficace de la recherche et les glissements possibles vers la représentation mythique ou les croyances en la solennité du savoir. Les savants de la Maison de Salomon sont aussi un peu des prêtres, voire des pontifes : ne nous arrive-t-il pas quelquefois en ce siècle de voir des scientifiques déraper et adopter une pause pompeuse de patriarche ou une parole de type prophétique ? Le Père de la Maison de Salomon a encore des disciples, et la position épiscopale qui est la sienne semble constituer un modèle que tout le monde n'a pas encore abjuré. Or si des individus glissent ainsi de la pratique austère des sciences à une espèce de représentation théâtrale, c'est bien que la vie sociale d'aujourd'hui le leur permet, voire les invite à soutenir l'idée d'une dimension magico-imaginaire des sciences. La satire des individus qui se laissent aller à endosser une telle fonction est courante dans les milieux scientifiques, assez pour qu'on s'abstienne ici d'y ajouter un quelconque grain de sel ; mais je peux bien avouer que, souvent, dans des réunions concernant l'administration de la recherche scientifique, il m'est arrivé de me dire, après avoir entendu telle ou telle tirade : « Tiens, encore un qui se prend pour le Père de la Maison de Salomon... » La critique n'a cependant pas à porter sur les personnes qui réactualisent un personnage de Sage ou de Mage, mais bien sur le mode d'existence social des travaux scientifiques, mode d'existence qui incite à une dramaturgie qui, en elle-même, n'apporte rien ni aux débats proprement scientifiques ni aux débats concernant les politiques scientifiques.

Une caractéristique de *La Nouvelle Atlantide* peut fournir l'exemple privilégié pour examiner de façon critique cet entrelacement de données imaginaires non pertinentes avec des idées sur les sciences, idées qui, comme celle de la nécessaire étatisation de la recherche ou celle de l'organisation collective du travail, ont, elles, fait leurs preuves. Aujourd'hui, en effet, on est frappé par le caractère patriarcal ou, pour employer une expression moderne plus claire, par la charge phallocratique du texte. Non seulement l'on croise des Pères Fondateurs à tous les détours du récit, non seulement les savants de la Maison de Salomon sont désignés comme des « Frères » ayant un Père à leur tête, et la maison ne compte de femmes que parmi ses domestiques, mais encore la Fête de la Famille met en scène une survalorisation d'un prolifique *pater familias*, tandis que la mère est escamotée, cachée derrière un écran [70]. Ces éléments, qui en rappellent d'autres dans plusieurs ouvrages de Bacon, sont aujourd'hui en train d'assurer à leur auteur la plus fâcheuse réputation qui soit. Il y a, dans le monde anglophone, toute une école d'épistémologie culturaliste, prolongeant les travaux de Thomas Kuhn et comptant notamment un courant féministe : toute

70. Cette mère peut, sans aucun doute, être interprétée comme une allégorie de la Nature, ce qui n'arrange pas le cas de notre auteur, car si la Nature est femme et la science l'heureux mariage de l'esprit avec la Nature, l'esprit en question est défini comme masculin (voir Evelyn Fox Keller, *Gender and Science*, Yale University Press, 1985, et le numéro spécial de *Daedalus*, journal de the American Academy of Arts and Sciences, Fall 1987, vol. 116, n° 4). Comme je tente de l'expliquer plus loin, cette sexualisation apparaît précisément quand on passe au registre de l'allégorie, et elle n'est pas pertinente dans le travail proprement théorique. Ajoutons cependant que les responsables des premières éditions ont tout fait pour souligner l'allégorie : l'illustration de la page de garde est une gravure qui porte *Tempore patet occulta veritas* (« Avec le temps, la vérité cachée se montre ») et le dessin montre le Temps sous les traits d'une sorte de bouc ou de satyre ailé, le visage mangé par une barbe hirsute, qui tient une faux d'une main, tandis que de l'autre il tire hors d'une grotte une jeune femme nue. La réédition de 1635 remplace cette gravure par un *Veritas filia temporis*. Sur l'histoire de ce thème, voir F. Saxl, « *Veritas filia temporis* », in *Philosophy and History* (mélanges offerts à E. Cassirer), edited by R. Klibansky and H. J. Paton, Oxford, Clarendon Press, 1936, rééd. Gloucester, Mass, Peter Smith, 1975.

l'œuvre de Bacon, et surtout cette œuvre retransmise par des commentateurs qui en ont accentué le côté « masculiniste », s'offre fort évidemment à une critique affirmant que les personnes ou groupes humains viennent aux sciences avec leurs valeurs et leurs structures mentales propres, et que par conséquent le type de savoirs que tel groupe sociologiquement déterminé produit est en rapport avec ce qu'un tel groupe *est* avant de se mettre au travail scientifique ; globalement, dit cette école d'épistémologues, l'effort scientifique que l'Europe et l'Amérique du Nord ont pu connaître depuis quelques siècles est marqué par le masculinisme, la science, telle que constituée par ces siècles de modernité, étant une affaire d'hommes. Donc – corollaire inévitable de ce point de vue – les femmes qui sont engagées dans le monde scientifique (en gros, 30 % des savants sont aujourd'hui des savantes) y perdent leur âme. De mon point de vue, cette idée rejoint tragiquement le préjugé courant de mille et un collègues masculins, lesquels vous assurent carrément, ou vous laissent au moins entendre, que les femmes, dans le monde scientifique, « font du mauvais travail » ou « produisent moins que les hommes [71] ». Quand un barbu qui n'est pas un phénix vient me dire une chose pareille, j'enrage en pensant à toutes les femmes scientifiques de valeur que l'on détruit au jour le jour dans les laboratoires, en leur assénant des jugements à l'emporte-pièce de ce genre-là. Et force est de reconnaître que, dans ces laboratoires, trop souvent les chercheuses sont traitées comme des domestiques, un peu plus qualifiées peut-être que celles que Bacon avait en vue, mais tout juste. La sociabilité scientifique aujourd'hui est à peine moins misogyne que celle qu'un Bacon, au temps des pourpoints et des fraises, avait imaginée.

Le problème aujourd'hui est crucial ; si les institu-

71. Voir à ce sujet mes deux articles, « Gens de sciences, essai sur le déni de mixité », *Nouvelles Questions féministes*, 1992, volume 13, n° 1, et « Gens de sciences *bis* : le mauvais genre dans l'éprouvette », *Nouvelles Questions féministes*, 1994, volume 15, n° 2.

tions scientifiques tendent à maltraiter 30 % de leur potentiel humain, le phénomène est énorme, moralement et humainement insupportable, et en outre de l'ordre du gâchis : nulle n'est rendue plus productive ni plus à son aise dans sa vie professionnelle par une atmosphère de travail de ce genre – c'est Marie Curie qu'on assassine ! Ou plutôt non : puisque le travail scientifique est une tâche collective, laissons les grands noms, et pensons simplement que des milliers de femmes compétentes ne sont pas reconnues comme telles. Il n'est donc pas possible de rééditer *La Nouvelle Atlantide* aujourd'hui sur un mode croyant, en invitant lectrices et lecteurs à réinvestir sans discrimination la coquille blanchie des fantasmagories baconiennes, en particulier quant à la sexualisation de la science. De deux choses l'une : ou bien cette sexualisation est bien *en rapport* avec la science telle que Bacon l'a pensée et projetée, et dans ce cas les épistémologues américaines qui vouent l'auteur aux gémonies, et toutes les sciences avec lui, ont raison ; ou bien cette sexualisation est une donnée seconde, rajoutée à ou plaquée sur une philosophie plus sérieuse des sciences, elle est mythe et non pensée de l'entreprise collective de recherche, et, dans ce cas, ce sont les machos que l'on croise dans le milieu scientifique comme ailleurs qui ont absolument tort, eux qui prennent un certain imaginaire de la science (et non n'importe lequel) pour la réalité du travail scientifique [72].

72. Le masculinisme de Bacon et des données fondamentales de sa philosophie ont été relayés en ce siècle par Bachelard dans *La Formation de l'esprit scientifique* (Paris, Vrin, 1947), sur un mode malheureusement typique du plagiat universitaire : quand il reprend la théorie des idoles sous la forme de théorie des obstacles épistémologiques, par exemple, il ne cite jamais sa source philosophique ; en revanche, le Bacon de la *Sylva Sylvarum* apparaît dans le texte, mais comme auteur d'idées pittoresques et donc cible de lazzi pour un Bachelard qui prétend en outre ne connaître tout cela qu'indirectement, par la lecture de Liebig. Cette double technique, qui consiste à prendre ce qu'il y a de bon sans nommer sa source et à décocher une rosserie sur l'auteur qu'on a pillé, est malheureusement monnaie courante. Pour ce qui est du machisme, Bachelard n'avait sans doute pas besoin de s'inspirer de quiconque. On notera néanmoins dans cet ouvrage, outre des expressions comme « une

Entre ces deux hypothèses, lectrices et lecteurs peuvent choisir. D'un point de vue philosophique, il me semble cependant que c'est la seconde qui est valide, et ce pour une raison fondamentale : la science, vue par Bacon, est une entreprise collective marquée par l'anonymat ou l'impersonnalisation des individus qui y travaillent. L'identité personnelle, « pauvre trésor », comme a dit Lévi-Strauss [73], est absente du texte ; un seul protagoniste a un nom, c'est Joabin, mais il est aussi le seul que l'on crédite de « rêveries » ; les autres sont absorbés par leurs fonctions et leur travail de recherche de la vérité. Il n'y a pas de sujet connaissant, chez un philosophe qui pensait qu'il faut laisser les méthodes et la machine inductive faire ce que l'esprit humain s'est révélé incapable de faire. Rappelons ce passage de la *Récusation des doctrines philosophiques* : « De même que, pour tracer une ligne droite ou un cercle parfait, l'essentiel est dans l'aptitude de la main et de la vue, si l'on essaie de la faire uniquement par la fermeté de la main et le jugement des yeux, mais qu'il n'en est plus ainsi si l'on use de la règle ou du compas ; de la même manière, dans l'étude de la nature qui repose seulement sur les forces de l'esprit, quelqu'un peut l'emporter sur un autre, et même très largement ; mais dans celle que nous proposons d'appliquer, on ne voit pas apparaître plus d'inégalité dans l'entendement des gens qu'il n'y en a ordinairement dans leur perception. Bien plus, comme nous

inversion spirituelle, vive et douce comme une génération » (p. 6), qui rappelle les grossesses masculines de Bacon, que sa conclusion est en discordance avec la thèse bachelardienne (reprise de Bacon) selon laquelle la science est une entreprise collective dans laquelle se construit une raison de groupe : « C'est au savant moderne que convient, plus qu'à tout autre, l'austère conseil de Kipling : "Si tu peux voir s'écrouler soudain l'ouvrage de ta vie, et te remettre au travail, si tu peux souffrir, lutter, mourir sans murmurer, tu seras un homme, mon fils". » Cette dramatisation superlative du travail scientifique (« plus qu'à tout autre »...), dans laquelle affleurent du masculinisme et une référence connue à la relation père-fils spirituel, vient *in fine* proposer à ceux qu'on a exhortés à l'ascèse imaginative un fantasme d'eux-mêmes comme héros mâles !

73. *L'Homme nu*, Plon 1971, p. 614.

l'avons dit, c'est dans la subtilité et la précipitation des esprits, quand ils se laissent aller à leur propre mouvement, que nous trouvons le danger, et nous consacrons tous nos soins à donner à l'esprit humain non pas des plumes ou des ailes, mais du plomb et du lest [74]. »

74. *Redargutio*, Sp. t. III, p. 573 ; tr. fr. p. 113-115. Didier Deleule et Georges Rombi ne m'en voudront pas d'avoir retraduit *homo* par « quelqu'un » *et in hominum intellectu* par « dans l'entendement des gens » ; certes la langue philosophique française, telle qu'elle s'est fixée en trois siècles, dit couramment « l'homme » ou « les hommes », quand il s'agit en fait de la personne humaine en général, mais cette habitude lexicale a pour effet pervers qu'au bout du compte on peut entendre seulement, et bien des gens entendent seulement, l'homme de sexe masculin. Comme l'objet de l'analyse que je propose est précisément de battre en brèche cet effet pervers, et de mettre en évidence qu'il ne se trouve pas dans la langue philosophique de Bacon, du moins quand celui-ci écrit en latin, il me fallait impérativement traduire *homo* de telle sorte qu'on ne puisse pas le confondre avec *vir*.

Néanmoins, le problème se pose complètement pour les œuvres que Bacon a écrites en langue anglaise : là, on trouve *Man*, pris sans doute au sens de « l'humain en général et des origines jusqu'à nos jours » (la totalité de l'histoire humaine, « de siècle en siècle ») mais un « humain » qui se dit sur le mode de l'ambiguïté lexicale, le même terme signifiant aussi l'homme de sexe masculin ; de plus, comme on trouve aussi *Man's Understanding*, ledit entendement humain se trouve se subdiviser en *his Memory, his Imagination, his Reason...*, ce qui renforce une masculinité au moins grammaticale du terme. Je pense que les deux (la masculinisation et la référence à des facultés) vont ensemble : ce passage de *Du progrès* (Sp. t. III, p. 329) se réfère à l'Homme avec un grand H, qui n'est personne que vous ayez jamais croisé, colosse idéalisé ou humanité magnifiée, et dont les facultés (mémoire, imagination, raison) fonctionneraient adéquatement, ce qui n'est pas du tout le cas pour l'humanité observable, laquelle relève de la théorie des idoles : l'esprit humain observable est structuré par ses méconnaissances, si bien qu'une critique sévère de la raison innée des hommes (*men*) est requise. Le passage du terme épicène *homo* au registre du masculinisé (*Man's Understanding*) est aussi le passage d'une philosophie critique à un mode de discours mythifiant. Le recours à ce mode, dans *Du progrès*, reste encore au service de l'entreprise critique : dix lignes après le « *Man's Understanding* » et « *his Memory* », Bacon signale que *no man* – aucun homme – n'a fait ce qu'il eût convenu de faire pour que la mémoire, justement, accomplisse son programme, si bien que l'histoire du monde ressemble à la statue Polyphème sans son œil ! Chute du colosse ou aveuglement du cyclope, donc, la magnification de *Man's Understanding* n'était là que pour signaler, par contraste, la déficience des hommes, si bien que *Du progrès* pourra

En accord avec cette idée, *La Nouvelle Atlantide* nous montre, non des personnages individualisés ou caractérisés, encore moins des intellects bien particularisés en train de penser selon leur propre mouvement (qui serait peut-être caractérisé comme subtil, supérieur, voire génial), mais des travailleurs des sciences qui se plient à une discipline collective et des actants sociaux accomplissant des segments de tâches bien définies, et traversés de phénomènes subjectifs, affectifs, émotifs ou moraux qui correspondent à un lexique de l'édifiant, non à une anthropologie différentialiste : le texte coud ensemble des états d'âme louables, l'espérance, le courage, la confiance, la circonspection, l'allégresse, la noblesse de sentiment, la chasteté, la fidélité conjugale, la piété familiale, la charité (etc.), et il dépeint leurs manifestations concrètes, un geste touchant ici, là un mot sublime, une scène édifiante à chaque page... Des transports en tout genre ponctuent le récit, tout est commandé par un parcours éthique, tout est bien à Bensalem, et un code social se représente constamment comme réussi : des fils qui tissent une subjectivité bonne occupent la place laissée vide par le sujet individuel disparu.

Dès lors, l'idée d'un *genre* du sujet perd tout sens : s'il n'y a pas de sujet connaissant, s'il n'y a pas d'intellect mais seulement des méthodes, pas de mémoire mais des registres et des notes d'observation, il ne peut pas y avoir d'intellects masculins ou féminins à l'œuvre dans la science ; les corps restent bien évidemment sexués, on voit des femmes et des hommes dans

prendre en charge l'entreprise critique, et notamment la théorie des idoles, qui en est la pièce fondamentale. Le problème de *La Nouvelle Atlantide*, en revanche, c'est qu'il n'y a plus de contraste, la magnification est sans ombres, et il n'y a pas lieu de s'étonner de ce que le texte nulle part ne souffle mot de la question des idoles, ni, plus généralement, du problème de la méconnaissance. Le texte, tel qu'il se donne, est a-critique. Qu'il ait contribué, avec des passages de *Du progrès* lus trop hâtivement, à constituer une forme culturelle désastreuse, à savoir l'identification facile de n'importe quel homme (*vir*) de savoir ou de science avec l'Homme colossal, n'est que trop probable.

la rue ou parmi la descendance du Tirsan, et c'est bien de sa chair à lui, et de la chair d'une mère (enfin, peut-être...), que ces descendants proviennent. En revanche, l'idée d'une différenciation des esprits ou de la vie intérieure n'a ici aucune place, puisque la vie intérieure n'est nulle part, et que, dans l'entreprise de connaissance du monde, la fonction est tout et les capacités cognitives ne sont rien : parmi les membres de la Maison de Salomon, il y en a qui sont chargés de ceci, d'autres qui sont préposés à cela, mais c'est « la société en son entier » qui se consulte, qui décide de ce qui va être entrepris et qui répartit entre ses membres le travail décidé. L'oubli de soi, vieille tradition chrétienne, prend ici une valeur épistémique ; la philosophie baconienne suppose que le sujet s'efface (il ne pourrait apporter à la recherche que ses « idoles » personnelles, donc ses structures de méconnaissance), et, du point de vue de cette philosophie, il n'y a *théoriquement* aucune impossibilité à imaginer la Maison de Salomon comme peuplée de sœurs et de frères travaillant ensemble. On peut, au reste, en trouver une petite preuve expérimentale tardive dans le discours du président de la République à l'Académie des sciences en 1987 : ce discours, qui citait libéralement *La Nouvelle Atlantide*, en avait élagué évidemment les turbans et les étoles, et, dans le même mouvement, le masculinisme, si bien que *La Nouvelle Atlantide* se trouvait réécrite sur un mode mixte, « vous êtes des femmes et des hommes qui... ». Or l'effet tant littéraire que conceptuel de cette modification était remarquable, en ceci que la caractérisation du travail scientifique comme collectif, et porté par une communauté, en devenait infiniment plus crédible : si l'on veut *donner à voir* la science comme assumée par une communauté – et non comme produite, sur le mode de l'eurêka, par un individu inspiré – il faut en parler au mixte. L'expérience discursive menée, sur la base de notre première édition du texte, par Jean-Daniel Lévi, chargé de préparer l'allocution présidentielle, mérite à plus d'un titre d'être enregistrée. Elle prouve *a contrario* que le masculinisme de Bacon est un élément contingent, aisément détachable et même négatif, en tant qu'il brouille au fond la clarté de son propos.

Dès lors, l'insistance de Bacon sur la masculinité du personnel de la maison de Salomon (à l'exception des domestiques) doit être expliquée. On aurait tort, à mon sens, de se débarrasser de la question en disant seulement : « Oh, c'était l'époque... » Cette explication est insuffisante pour bien des raisons : l'Angleterre au XVIe siècle a vu une révolution franchement spectaculaire, puisque deux femmes, Marie et Elisabeth Tudor, ont exercé le pouvoir royal, et Bacon a été le serviteur loyal et l'admirateur de la seconde. Une époque capable d'accueillir une innovation de ce genre n'interdisait pas d'imaginer quelque chose de similaire pour la recherche scientifique, encore moins de se souvenir tout simplement des pythagoriciennes de l'Antiquité. Le XVIe siècle a aussi vu apparaître dans plusieurs pays des femmes intellectuelles, dont la reine Elisabeth – et Bacon n'est pas le dernier à saluer le caractère studieux de sa souveraine, alors que divers auteurs hommes de la Renaissance ont parfois dit de ces femmes de grande culture des choses qui n'étaient pas dénuées d'incompréhension. De plus, quand on était le fils de lady Anne Bacon, une des personnes intellectuellement les plus brillantes du temps, et des plus résolues, on avait eu sous les yeux à la maison un exemple de ce qu'une femme peut investir dans le domaine des livres et des idées [75]. Enfin, vu

75. Elle a traduit des sermons de Bernardin de Sienne (Bernard Ochin) : *Sermons of Barnardine Ochine of Sena, Godlye, frutefull and very necessary for all true Christians, translated out of Italien into Englishe* (Anno Do. MDXLVIII mensis Julio/1550). Il suffit de lire la longue note liminaire et la dédicace de la traductrice à sa mère, pour sentir une toute jeune femme qui ne manquait pas d'autorité, qui, à vingt ans, prenait fermement position sur des questions religieuses et sur la valeur de l'étude ; elle avait l'étoffe d'une prédicatrice. Traduire Bernardin de Sienne n'était pas chose anodine : c'était participer à la définition de l'Eglise d'Angleterre, en donnant à lire au public des textes d'inspiration calviniste. Plus tard, elle traduira du latin le livre de l'évêque de Salisbury, Jewel, qui lui dédie cette version anglaise, *An Apology or Answere in Defence of the*

l'importance que Bacon accorde à la médecine, il n'est pas inutile de rappeler ici que la médecine courante incombait souvent en ce temps-là aux dames et châtelaines ; certaines ont laissé le souvenir de praticiennes aussi compétentes qu'il était possible de l'être [76]. Le masculinisme de Bacon doit être interprété au moins comme une stratégie compensatoire, au même titre d'ailleurs que les galeries où l'on expose la statue des inventeurs, ceux, légendaires, de la musique, de l'écriture, du travail des métaux, ou ceux, imaginaires et bensalémiens, des merveilles de cette île ; il ne peut pas y avoir d'invention assignable à un individu dans un système de production des connaissances et des techniques tel que celui-ci, qui a été décrit comme système collectif. Certes, dans le monde tel qu'il était alors, les inventions scientifiques étaient encore rapportables à une personne, d'où le fait que Wren aura des propositions à faire pour la galerie, De Dominis, Galilée, Harvey, etc. Mais le réel est ici mythe, au regard de la philosophie : dès *Du progrès*, Bacon souligne que les inventions techniques sont des perfectionnements continus, œuvres donc d'un travail collectif qui s'étale dans le temps, et qu'il doit désormais en aller de même dans les sciences, la vénération des « auteurs » (des producteurs d'une connaissance) étant obstacle au progrès. *La Nouvelle Atlantide*, qui propose une sorte de vénération des inventeurs, est donc un texte truqué, sur ce point-là comme sur celui que nous avons signalé plus haut, concernant le grand zèle religieux, et comme sur le masculinisme. Au reste, même l'imaginaire de la prolifération – les richesses abondent toujours davantage, les connaissances croissent et se multiplient, et, de la même façon, le natalisme prospère – est à examiner avec circonspec-

---

Churche of Englande. Dans la préface, il lui rend hommage et le ton est fort respectueux. Sans doute ne pouvait-il guère faire moins, mais assurément le fils de lady Bacon aurait pu en faire autant.

76. Charles Webster nomme Dorothy Burton (mère de Robert), Elizabeth Ray et Elizabeth Grey, comtesse de Kent, qui inventa un remède, la poudre de Kent, « *Kent's powder* ». Voir Webster, *The Great Instauration*, Londres, Duckworth, p. 255, et *infra*, note 12.

tion quant au natalisme affiché : que Bacon considère que l'expansion des ressources est condition absolue de l'accroissement de la population, c'est certain, mais il convient de préciser : pour lui, un accroissement de la population est un risque redoutable pour les Etats, un danger grave que seule une expansion indéfinie des ressources peut conjurer [77]. Le chancelier n'était donc pas apôtre des familles nombreuses autant qu'on pourrait le croire à lire son utopie. Le texte est aussi truqué dans une dimension que, pour notre part, nous aurions volontiers réinvestie : l'opulence matérielle de l'île a rendu les habitants généreux ; ils accueillent les étrangers avec largesse et il n'y a pas d'ostracisme interne dans l'île, du moins entre les personnes de sexe masculin. Comme il est arrivé à Bacon de lier la question de l'intolérance religieuse à celle de la pénurie, il n'est pas impossible de comprendre que la thèse de l'utopie, c'est que l'opulence fait la concorde, la *philia* et une certaine xénophilie, ou produit une sorte de philantrophie générale.

Une telle thèse, si agréable à imaginer soit-elle, avait bien besoin du coup de pouce de la mise en mythe pour s'exposer. Certes, le projet baconien de réforme des sciences est un projet de société. Seulement, *de* son projet proprement scientifique *à* son idéal de société, rien ne permet de conclure : il n'y a pas de lien logique, ou de relation de cause à effet, entre la recherche scientifique telle qu'il la pense et une société telle qu'il la souhaite. Ni le patriarcat qui s'étale ici, ni la *philia*, limitée ou non à une concorde « entre hommes », ne sont déductibles de l'idée d'une opulence rendue possible par le développement technico-scientifique. Le privilège du mythe, ou du rêve, c'est de coordonner des éléments hétérogènes, que l'on ne pourrait pas articuler de façon rationnelle. L'idée même que l'opulence d'une société supprime *ipso facto* la pénurie est infiniment contestable et abondamment contestée aujourd'hui : il peut y avoir un pays globalement très riche, où cependant une part

77. Voir *Essays*, Sp. t. VI, p. 410.

importante des gens souffrent de la pauvreté et n'ont par exemple aucun accès aux soins médicaux ; la masse totale de richesses ne dit rien de leur répartition. Or, si l'on en juge par une remarque de la dernière édition des *Essays*, « un Etat [ou un peuple] peut avoir un trésor important et mourir de faim tout de même », notre Chancelier en était assez conscient pour poser que l'Etat doit éviter qu'une telle situation apparaisse : il faut donc mettre en place, dit-il, une régulation du commerce et des prix, protéger l'industrie et l'agriculture, interdire les excès de luxe – en un mot, écarter les dangers produits tant par le libéralisme sauvage que par la rapacité d'Etat, quand celui-ci accable les gens d'impôts [78].

Quels sont les effets humains et sociaux du développement scientifique ? Je pense qu'il faut répondre que la question est mal posée, ou que cela dépend de la société dans laquelle les sciences se développent, et qu'en somme il est impossible de penser rigoureusement les rapports entre « le » social et « le » scientifique, ces deux catégories étant manifestement trop massives pour que leur rapport puisse être correctement réfléchi. Mais, si le mythe répond à cette question théoriquement sans réponse, alors on comprend mieux l'effet de familiarité que produit *La Nouvelle Atlantide* : dans cette œuvre, Bacon a forgé les cadres généraux d'une méconnaissance quant à la science et quant à l'importance socio-politique de celle-ci. S'il y a impossibilité de *penser* proprement le rapport entre science et société, il reste toujours la possibilité de produire du mythe, des rites, des conduites compensatoires, une idéologie garantissant de façon fantasmagorique l'inscription d'une forme particulière d'humanité dans le projet scientifique (ils sont chastes, pieux, généreux et... hommes !) et, réciproquement, l'inscription de l'entreprise scientifique dans un social vu comme produit par elle.

On peut dès lors mettre d'accord entre eux ceux qui

78. *Ibid.*

revendiquent l'héritage de la mythique baconienne concernant les sciences et celles qui se posent en adversaires d'une entreprise inaugurée par notre auteur, en disant aux uns qu'ils adhèrent à un mythe et aux autres qu'elles s'en prennent à un mythe. Or, débattre simplement pour ou contre une approche illusoire des sciences, dans leur masculinité ou dans leur importance sociale, sans chercher à mieux travailler le problème de la sociabilité scientifique comme celui de ce qu'une société donnée est en droit d'attendre de telle ou telle orientation de la recherche, ne conduit jamais qu'à se débattre dans l'illusoire, et ce n'est sûrement pas à cela que la présente édition du texte voudrait inviter : Bacon, qui a pu se montrer philosophe rigoureux de l'entreprise scientifique, a joué aussi, dans un souci évident de propagande, les Pères fondateurs, étant bien entendu qu'un Père fondateur, c'est quelqu'un qui, par sa figure, sa pause, sa voix, sa carrure (toutes choses qui n'ont rien à voir avec l'argumentation de type philosophique), assure la validité d'un programme dont on n'est pas autrement assuré, ou, pour dire les choses de façon plus simple, qui fonde une perception illusoire d'un phénomène historique lui-même réel.

Donner à lire cette utopie aujourd'hui, c'est proposer d'abord au public contemporain de s'interroger sur l'avenir de cette illusion-là, d'exercer à son tour son droit au libre examen, et de se demander ce qu'ensemble nous voulons : voulons-nous maintenir une image aussi masculiniste et patriarcale, et aussi inutilement telle, de l'entreprise scientifique ? N'est-il pas, au contraire, urgent de déclarer cet aspect du texte parfaitement caduc, issu en grande partie d'un souci de propagande visant à séduire, pour une entreprise de fait impersonnelle, des savants qui à l'époque étaient pratiquement tous des hommes, un peu comme, dans les armées, on fait marcher les hommes de troupe en les assurant de ce que leur virilité est à ce prix ?

Mais le texte, s'il mérite un examen critique, devrait susciter aussi une question plus positive : sommes-nous aujourd'hui capables d'énoncer quelles espérances nous plaçons dans la recherche scientifique, et dans quelle recherche scientifique ? Plus encore, sommes-nous à même de penser quels dispositifs politiques il faudrait se donner pour que ces espoirs soient proprement régulateurs de l'entreprise scientifique, c'est-à-dire décident d'orientations à donner à la recherche ? Au fond, reconnaître que *La Nouvelle Atlantide* a proposé un imaginaire, et non une théorie, devrait conduire non à répudier la question politique de la recherche, mais à comprendre que cette question doit être reprise, et pratiquement à zéro. Lire cette utopie-là, c'est trouver l'occasion d'une catharsis des idées faciles sur les sciences, et globalement de la croyance selon laquelle le développement des sciences et des techniques travaille *ipso facto* pour un accroissement du bien-être de chacun-e. C'est le *ipso facto* qui est fallacieux, non l'exigence de voir l'entreprise scientifique, qui est de toute manière soutenue et financée par la collectivité, répondre proprement aux intérêts de cette même collectivité. A l'imaginaire baconien, un questionnement éthique et politique plus poussé doit être substitué. Mais, pour faire la place à ce questionnement, il n'est pas mauvais de se laisser troubler une bonne fois par le miroir étrange que nous tend *La Nouvelle Atlantide* : voici un peuple au-delà de l'Ancien et du Nouveau Monde, plus oriental que les Chinois de Marco Polo, plus occidental que les Amérindiens de Christophe Colomb, plus ancien que l'Egypte et cependant en avance sur tout le monde : tel est le peuple de Bensalem, quelque-nulle-part dans les mers du Sud – et ce serait un peu nous tout de même ? Si Bacon cherchait à toucher des lecteurs naïfs, c'est au contraire à des lectrices et lecteurs dénué-e-s de naïveté, doté-e-s d'un solide sens critique vis-à-vis des textes et capables d'interroger ce qui, d'une tradition, vient jusqu'à nous, que je dédie la présente édition.

Michèle Le DŒUFF

NOTE SUR LES RÉFÉRENCES BIBLIQUES

Dans presque tous ses ouvrages, Bacon intègre à ses propres phrases des fragments de textes bibliques, sur un mode qui s'écarte de notre pratique moderne de la citation. On peut quelquefois reconnaître la formulation de telle ou telle traduction, ce qui permet de constater que l'auteur en a pratiqué plusieurs, la Vulgate étant sa version favorite. Ainsi, dans ses premiers ouvrages, même s'il les écrit en anglais, les références à la Bible lui viennent comme naturellement en latin. Mais on observe aussi qu'il a constamment tendance à citer de mémoire ou à paraphraser.

Une telle pratique était, à l'époque, légitime. Ainsi, pour ne citer que cela, un contrat dressé par une compagnie de navigation, et que Richard Hakluyt nous a conservé, prévoyait, à bord des bateaux, « des lectures de la Bible ou de paraphrases ». On considère qu'il y a au fond un sens du message biblique, sens que l'on peut restituer de diverses manières et avec différents mots. Une telle idée ne manquait pas de plausibilité, puisque après tout on lisait ces textes en traduction : citer une traduction à la lettre n'a pas en soi beaucoup de sens.

Néanmoins, en 1611, la publication d'une Bible anglaise que l'on appelle « *The King James Bible* », parce qu'elle est dédiée au roi Jacques, ou encore « *The Authorized Version* », témoigne d'un changement important : l'épître dédicatoire des traducteurs au roi loue le souverain d'avoir eu l'idée qu'il serait bon d'établir « une traduction plus exacte des Ecritures saintes en langue anglaise », « sur la base des langues sacrées du texte original, et en comparant le fruit des efforts de nombreux prédécesseurs qui ont traduit la Bible tant en notre langue qu'en d'autres langues ». *Une* traduction, « *one more exact translation* », et l'on serait tenté de donner une grande valeur à ce « *one* » : sous l'égide du pouvoir royal, une version de la Bible devient *la* bonne, au passage l'anglais devient la langue du Verbe, et si cette traduction a été surnommée *The Authorized Version*, c'est que la caution royale reçue par elle tendait à l'instituer en norme unificatrice ; de plus, l'épître dit que le roi est l'auteur de cette entreprise (« *Author of the work* »), ce qui est également lourd de sens politique : elle a été, non autorisée, mais comme authentifiée par le souverain.

Bacon, et c'est bien compréhensible, s'efforce dès lors dans *La Nouvelle Atlantide* de reprendre les termes de cette version. Mais les vieilles habitudes ne disparaissent pas si facilement : il lui arrive de se tromper un peu, de conserver l'orthographe de la Vulgate, de substituer un terme de son cru à celui que l'hébreu et les diverses traductions donnaient (par exemple la mousse à la place de l'hysope, p. 105), voire, au moins une fois, de paraphraser assez loin du texte... Au reste, il pensait que la Bible est un ouvrage composite, dans la mesure où ses scripteurs historiques, Moïse par exemple, tantôt se sont conduits comme les scribes de Dieu, tantôt ont interpolé dans le texte des vues qui étaient les leurs, donc des fragments de connaissances humblement humaines : le Verbe de Dieu ne constitue pas le tout de la Bible, la parole christique n'est pas le tout des Evangiles ou des textes de saint Paul. Par conséquent, le scrupule à avoir vis-à-vis de la littéralité d'une référence peut aussi être variable.

Afin de rester fidèles au sens que Bacon donnait à ces fragments, nous avons pris le parti de les traduire de l'anglais, tels qu'ils se présentent dans *La Nouvelle Atlantide*, plutôt que de nous référer à l'une des nombreuses traductions françaises de la Bible.

LA NOUVELLE ATLANTIDE

NEW ATLANTIS.

A VVorke unfiniſhed.

Written by the Right Honourable,
FRANCIS
Lord Verulam, Viſcount S^t. Alban.

NOTE A L'INTENTION DU LECTEUR

par W. RAWLEY

Cette fable, mon Maître l'a conçue afin de pouvoir y présenter un modèle ou une description d'un collège qui serait fondé en vue de l'interprétation de la nature [1] et de la production de grandes et merveilleuses œuvres pour le bien de tout le genre humain, et qui serait nommé la Maison de Salomon, ou encore le Collège de l'Œuvre des Six Jours. Lord Bacon a mené son travail assez avant pour que cet aspect-là au moins de son projet soit achevé. Le modèle proposé est certes trop vaste et trop élevé pour pouvoir être imité en tous points, néanmoins, la plupart des choses décrites ici ne dépassent pas les capacités humaines. Sa Seigneurie pensait aussi composer dans cette fable un système de lois, le meilleur moule ou la meilleure constitution pour un gouvernement ; mais il prévoyait que ce serait une tâche de longue haleine, et il en fut détourné par son désir de rassembler les éléments de son *Histoire naturelle*, sa préférence allant de loin à ce dernier travail.

Ce texte de *La Nouvelle Atlantide*, du moins en ce qui concerne l'édition anglaise, Lord Bacon le destinait à figurer ici, eu égard à la grande parenté de *La Nouvelle Atlantide* – pour une de ses parties – avec l'*Histoire naturelle* [2].

LA NOUVELLE ATLANTIDE

Quittant le Pérou, où nous étions restés pendant une année entière, nous fîmes voile vers la Chine et le Japon, par les mers du Sud, avitaillés pour douze mois. Nous eûmes d'abord des vents d'est favorables, bien que légers et faibles, pendant cinq mois ou plus. Puis le vent tourna, et s'établit à l'ouest pendant des jours et des jours, si bien que nous ne pouvions pour ainsi dire pas avancer, et que nous fûmes parfois sur le point de faire demi-tour. Ensuite des vents violents et forts se levèrent, soufflant du sud-sud-est ; ils nous jetèrent au nord, malgré tous les efforts que nous déployions ; nos vivres, que nous avions pourtant ménagés, se mirent alors à manquer. En sorte que, nous trouvant au beau milieu de la plus grande désolation marine qui soit au monde, sans vivres, nous nous considérions comme des hommes perdus, et nous nous préparions à la mort. Cependant nous élevâmes nos voix et nos cœurs vers Dieu Très-Haut, qui fait voir *ses merveilles dans l'abîme* [3], en implorant de sa miséricorde qu'il veuille bien à présent faire surgir pour nous une terre afin que nous ne périssions pas, de même qu'au commencement il découvrit la face de l'abîme et fit apparaître la terre séparée des eaux [4]. Or il advint que le lendemain, vers le soir, nous vîmes comme d'épais nuages, devant nous à l'horizon [5], en direction du nord, ce qui nous donna quelque espoir de trouver une terre, car nous savions que cette partie des mers du Sud était encore inconnue, et pouvait donc bien receler des îles ou des continents qui n'avaient pas encore été découverts. Aussi, modifiant notre cap, nous fîmes route toute la nuit vers le point où une terre semblait apparaître. Le lendemain, au point du jour, nous fûmes en mesure de distinguer que c'était bien une terre qui, vue de cette distance, avait l'air plate et boisée, ce qui la faisait paraître d'autant plus sombre. Après une heure et demie de navigation, nous entrâmes dans un havre qui était le port d'une jolie ville, certes pas très grande, mais bien conçue et offrant, vue de la mer, un aspect agréable. Comme nous trouvions longue chaque minute qui nous séparait du moment où nous serions à terre, nous nous approchâmes du rivage, prêts à accoster. Mais, tout de suite, nous vîmes plusieurs personnes qui, munies de bâtons, semblaient nous l'interdire ; certes sans cris ni colère, seulement comme si elles nous signifiaient de nous tenir à distance. Alors, tandis que, consternés, nous nous consultions quant à ce qu'il convenait de faire, une petite embarcation s'avança vers nous, à bord de laquelle se trouvaient une huitaine de personnes ; l'une d'elles, qui tenait à la main un bâton fait de canne jaune et dont les deux extrémités étaient bleues, monta à bord, sans manifester la moindre méfiance. Voyant l'un des nôtres se détacher du groupe, ce personnage sortit un petit rouleau de parchemin et le lui remit. C'était un parchemin un peu plus jaune que le nôtre, brillant comme l'enduit des tablettes, mais doux et souple. Il y était écrit, en antique hébreu, en grec ancien, en bon latin classique et en espagnol, ceci : « Que nul d'entre vous ne débarque. Préparez-vous à quitter cette côte dans les seize jours, à moins qu'il ne vous soit accordé un délai supplémentaire. Entre-temps, si vous voulez de l'eau douce, des vivres ou de l'aide pour vos malades, ou si votre bateau a besoin de réparations, écrivez ce qu'il vous faut, et vous obtiendrez tout ce que la miséricorde commande. » Le parchemin portait un sceau représentant des ailes de chérubin, non pas déployées mais pendantes, et une croix [6].

Ce message remis, l'émissaire repartit, ne laissant qu'un serviteur près de nous pour recevoir notre réponse. Nous nous consultâmes alors, fort perplexes : d'un côté, leur refus de nous laisser débarquer et leur hâte à nous ordonner le départ nous tourmentaient beaucoup ; d'un autre côté, le fait de trouver des gens qui connaissaient plusieurs langues, et qui étaient pleins d'humanité, nous réconfortait considérablement. Surtout, le signe de la croix apposé sur ce document nous remplissait de joie et nous sembla un heureux présage. Nous répondîmes en espagnol que nous n'avions pas de difficultés quant à notre navire, puisque nous avions rencontré des calmes et des vents contraires plutôt que des tempêtes. Mais que nos malades étaient nombreux, et dans un état si grave que leur vie serait en danger s'ils n'étaient pas autorisés à descendre à terre. Nous rédigeâmes une liste détaillée de nos requêtes, ajoutant que nous avions quelques marchandises en réserve ; que nous pourrions, si cela leur convenait, les leur donner en échange des choses qui nous étaient nécessaires, afin de ne pas leur être à charge. Nous offrîmes au serviteur quelques pistoles en guise de récompense, ainsi qu'une pièce de velours pourpre à l'intention de son maître ; mais il ne voulut pas les prendre, et c'est à peine s'il daigna les regarder ; il prit congé de nous et repartit dans un autre canot venu le chercher.

Trois heures environ après que nous eûmes envoyé notre réponse, un homme de qualité, semblait-il, vint à nous. Il était vêtu d'une robe aux longues manches, faite en quelque poil de chèvre onduleux d'un magnifique bleu ciel, bien plus chatoyant que le nôtre. Sous cette robe il portait des vêtements de couleur verte auxquels était assortie une coiffure en forme de turban élégamment noué et moins volumineux que celui des Turcs, d'où s'échappaient quelques mèches de ses cheveux. Un dignitaire, selon toute apparence. Escorté par quatre personnes seulement, il arriva dans un bateau orné de quelques dorures. Un autre bateau, comptant quelque vingt personnes à son bord, suivait. Lorsqu'il fut parvenu à portée de flèche de notre navire, on nous fit des signes pour nous faire comprendre qu'il nous fallait déléguer quelqu'un pour le rencontrer sur mer, ce que nous fîmes aussitôt en envoyant dans une chaloupe le personnage second seulement en importance à bord, avec quatre des nôtres. Lorsque nous arrivâmes à six *yards* environ de leur bateau, ils nous hélèrent pour nous dire de nous arrêter et de ne pas approcher davantage, ce que nous fîmes. Alors, l'homme que j'ai décrit plus haut se leva et demanda en espagnol, d'une voix forte : « Etes-vous des chrétiens ? » Nous répondîmes que oui, d'autant moins inquiets du reste que nous avions vu une croix sur leur sceau. Entendant notre réponse, la personne en question leva la main droite vers le ciel et la porta lentement à ses lèvres (geste qu'ils accomplissent pour remercier Dieu) et dit : « Si vous êtes prêts, tous, à jurer par tous les mérites de notre Sauveur que vous n'êtes pas des pirates et que vous n'avez pas répandu de sang, légitimement ou non, depuis quarante jours, vous pourriez obtenir la permission de débarquer. »

Nous répondîmes que nous étions à même de prêter ce serment. Alors, l'une des personnes qui l'accompagnait, un greffier à ce qu'il semblait, prit note écrite de cet acte. Cela fait, un autre membre de l'escorte qui se trouvait à bord du bateau, après un bref aparté avec le grand personnage, nous dit à voix haute : « Mon maître voudrait vous faire savoir que ce n'est pas par orgueil ni par dédain qu'il ne monte pas à votre bord, mais pour la raison suivante : comme vous nous aviez indiqué dans votre message que vous comptez de nombreux malades parmi vous, le Gardien de la Santé Publique lui a conseillé de se tenir à distance. »

Nous nous inclinâmes devant lui en disant que nous étions ses humbles serviteurs et que nous tenions pour un grand honneur et pour une marque singulière d'humanité à notre égard tout ce qui avait déjà été fait pour nous. Mais qu'au reste nous espérions bien que la maladie de nos hommes n'était pas de nature infectieuse.

Il s'en retourna donc. Un peu plus tard, le greffier vint à bord tenant à la main un fruit de ce pays, ressemblant à une orange, mais d'une couleur intermédiaire entre le fauve et l'écarlate, et dont s'exhalait une odeur exquise [7]. Il s'en servait, semble-t-il, pour se protéger contre l'infection. Il nous fit prêter le serment, au nom de Jésus-Christ et de ses mérites. Ensuite, il nous dit que l'on viendrait nous chercher le lendemain dès six heures du matin pour nous amener à la Maison des Etrangers (c'est ainsi qu'il l'appela), où l'on nous fournirait tout ce qu'il nous faudrait pour les bien-portants comme pour les malades. Puis il prit congé et, quand nous lui offrîmes des pistoles, il répondit en souriant qu'« il ne faut pas être payé deux fois pour un même travail », par quoi il voulait dire, à mon sens, que l'Etat [8] lui assurait une rémunération suffisante pour son service [9]. Car, ainsi que je l'appris plus tard, tout agent de l'Etat qui accepte des récompenses, ils l'appellent « le double-solde ».

Le lendemain matin, très tôt, le personnage qui nous avait rendu visite en premier, celui qui portait une canne, vint nous voir et nous dit qu'il était là pour nous conduire à la Maison des Etrangers [10]. Il était venu en avance pour que nous puissions consacrer la journée entière à nous installer. « Car, nous dit-il, si vous voulez bien suivre mon conseil, il vaudrait mieux que quelques-uns d'entre vous viennent d'abord sur les lieux, afin de voir comment les aménager le plus commodément possible, et qu'ensuite seulement vous y envoyiez vos malades et le reste des gens que vous voulez faire descendre à terre. »

Nous le remerciâmes en lui disant que Dieu le récompenserait de la peine qu'il prenait pour venir en aide à des étrangers en détresse. Alors, six d'entre nous débarquèrent avec lui. Une fois à terre, il ouvrit la marche et, se tournant vers nous, dit qu'il n'était que notre serviteur et notre guide. Sous sa conduite, nous empruntâmes successivement trois belles rues.

Tout du long de ce trajet, des gens s'étaient rassemblés en deux rangées de chaque côté de la voie, d'une manière si courtoise d'ailleurs que cela ne semblait pas provoqué par la curiosité, mais bien plutôt par le souci de nous accueillir dignement : certains tendaient les bras sur notre passage, un geste qu'ils font pour souhaiter la bienvenue.

La Maison des Etrangers est une grande et fière bâtisse en briques d'argiles, mais plus bleutées [11] que chez nous, et dotée de belles fenêtres, certaines vitrées, d'autres tendues de toile diaphane huilée. Il nous emmena tout d'abord à l'étage, dans un joli parloir, et nous demanda combien nous étions et combien nous comptions de malades. Nous répondîmes que nous étions en tout cinquante et un, dont dix-sept malades. Il nous pria de patienter quelque peu et de demeurer là jusqu'à ce qu'il revînt, ce qu'il fit au bout d'une heure environ. Ensuite, il nous mena voir les chambres qui nous étaient destinées, au nombre de dix-neuf : apparemment, ils avaient prévu que quatre de ces chambres, qui étaient plus agréables que les autres, accueilleraient quatre personnages de haut rang de notre groupe, qui y logeraient seuls, tandis que le reste de la compagnie se partagerait, deux par deux, les quinze autres chambres. Les chambres étaient belles, gaies, meublées confortablement. Il nous mena ensuite dans une galerie qui ressemblait à un dortoir, où il nous montra sur tout un côté (l'autre n'étant que muraille et fenêtres) dix-sept cellules, très bien tenues, séparées par des cloisons de cèdre. Cette galerie, qui comptait en tout quarante cellules, soit bien plus que nous n'avions besoin, servait d'infirmerie. Notre guide ajouta qu'à mesure que nos malades se rétabliraient on pourrait les transférer de leur cellule dans une chambre. A cette fin avaient été prévues dix chambres vides en surnombre par rapport à ce que nous avons indiqué plus haut. Il nous ramena ensuite au parloir, et, levant un peu sa canne, comme ils le font quand ils veulent confier une tâche à quelqu'un ou commander, nous dit : « Il vous faut savoir que la coutume du pays veut que, mis à part aujourd'hui et demain (délai que nous vous accordons pour débarquer), vous restiez consignés ici pendant trois jours. Mais que cela ne vous inquiète pas ! Ne l'interprétez pas comme une atteinte à votre liberté, mais comme une façon d'assurer votre tranquillité et votre bien-être. Vous ne manquerez de rien ; six des nôtres sont chargés de s'occuper de vous, ils vous serviront d'intermédiaires avec l'extérieur. »

Nous le remerciâmes avec toute l'affection et le respect possibles, et dîmes : « Assurément, Dieu se révèle en ce pays. » A lui aussi nous offrîmes vingt pistoles, mais il sourit et se contenta de dire : « Quoi ? Une double solde ? » Sur ce, il nous quitta.

Peu de temps après, le dîner nous fut servi. La nourriture y était de qualité, le pain aussi bien que la viande, meilleure que tout ce que j'ai pu connaître dans toutes les institutions d'Europe. Trois sortes de boisson, toutes bonnes et saines : du vin, une boisson faite à base de quelque grain, semblable à notre bière mais plus claire, et une espèce de cidre fait avec un fruit du pays, boisson merveilleuse, agréable et rafraîchissante. On nous apporta en plus pour nos malades une grande quantité de ces oranges écarlates qui étaient, selon eux, un remède éprouvé contre les maladies que l'on contracte en mer. Ils nous donnèrent également une boîte de petites pilules grises ou blanchâtres [12]. Ils souhaitaient que nos malades en prissent une le soir avant le coucher, ce qui, selon eux, hâterait leur rétablissement.

Le lendemain, une fois que l'agitation causée par le transfert de nos hommes et de nos affaires se fut quelque peu apaisée et que le calme fut revenu, je crus bon de rassembler notre compagnie. Quand ils furent tous là, je leur dis : « Mes chers amis, tâchons de nous connaître nous-mêmes [13], et considérons notre situation. Nous avons été jetés sur cette terre tel Jonas rejeté du ventre de la baleine, alors que nous étions tout aussi ensevelis que lui dans l'abîme ; et maintenant, alors même que nous voilà sur la terre ferme, nous sommes toujours entre la vie et la mort. Nous sommes en effet au-delà de l'Ancien et du Nouveau Monde tout à la fois, et Dieu seul sait si nous reverrons jamais l'Europe. C'est une espèce de miracle qui nous a amenés ici, il n'en faudra guère moins pour que nous puissions en repartir. Aussi, eu égard à notre récente délivrance et aux dangers présents et à venir, tournons-nous vers Dieu, et que chacun réforme sa conduite. En outre, comme nous voilà au sein d'un peuple de chrétiens, tout rempli de piété et d'humanité, ne nous exposons pas à avoir à rougir de honte en laissant apparaître nos vices et notre indignité devant eux. Il y a plus : ils nous ont commandé, en y mettant certes les formes, de rester cloîtrés dans ces murs pendant trois jours. Qui sait si ce n'est pas pour se faire une idée de nos mœurs et de notre caractère ? S'ils les trouvent répréhensibles, ils nous banniront immédiatement ; s'ils les trouvent bons, ils nous permettront de demeurer ici plus longtemps. Ces gens attachés à notre service sont peut-être chargés aussi de nous surveiller. Donc, pour l'amour de Dieu, et au nom de l'intérêt que nous prenons au bien de notre âme et de notre corps, comportons-nous de telle sorte que nous soyons en paix avec Dieu et que nous trouvions grâce aux yeux de ce peuple. »

D'une seule voix, les compagnons me remercièrent pour ces bons conseils, et me promirent de se comporter décemment et convenablement, en prenant garde de ne pas risquer d'offenser nos hôtes. Aussi, nous passâmes ces trois jours dans la gaieté et l'insouciance, attendant de voir ce qu'ils feraient de nous par la suite. Pendant ce temps, nous eûmes la joie de voir, d'heure en heure, nos malades se rétablir. Eux, à voir leur guérison progresser de manière si douce et si rapide, se croyaient plongés dans quelque fontaine miraculeuse [14].

Le quatrième jour, un homme que nous n'avions pas encore vu vint à nous. Il était vêtu de bleu à l'instar de notre premier interlocuteur, mais coiffé d'un turban blanc sur lequel il y avait une petite croix rouge [15]. Il portait aussi une cape de lin finement tissé. En entrant, il s'inclina légèrement, et tendit les bras. De notre côté, nous le saluâmes d'une manière humble et soumise comme si nous attendions de lui vie ou mort. Il désirait parler avec un petit nombre d'entre nous. Six seulement restèrent donc, et les autres quittèrent la pièce. Il nous dit :

« Je suis, de par ma charge, Intendant de cette Maison des Etrangers et, de par ma vocation, prêtre chrétien. Je suis venu vous offrir mes services, à vous, étrangers, mais aussi, et surtout, aux chrétiens que vous êtes. Et je suis autorisé à vous informer d'un certain nombre de choses que vous ne serez pas fâchés d'entendre, à mon avis. L'Etat vous a donné le droit de rester à terre pendant six semaines. Mais, si vous avez besoin de plus de temps, n'ayez aucune inquiétude, car sur ce point la loi est souple, et je suis sûr que je pourrai moi-même vous obtenir tout délai qui vous serait nécessaire. Sachez aussi que la Maison des Etrangers est riche en ce moment, et possède des réserves considérables, car elle a vu ses revenus s'accumuler ces trente-sept dernières années. Aucun étranger n'est venu ici, en effet, pendant tout ce laps de temps. Aussi, n'ayez aucun scrupule de délicatesse : l'Etat vous prendra en charge pendant tout votre séjour, mais que cela ne vous fasse pas l'écourter d'un seul jour. Quant aux marchandises que vous avez apportées, on en usera bien à votre égard ; vous recevrez en retour soit d'autres marchandises, soit de l'or et de l'argent. Car, pour nous, c'est tout un. Si vous avez d'autres demandes à formuler, ne vous en cachez pas. Vous verrez que vous ne serez pas déçus par la réponse qui y sera faite. Il faut seulement que je vous dise ceci : aucun de vous ne doit s'éloigner des murs de cette ville de plus d'un *karan* (ce qui représente pour eux un *mile* et demi) sans une autorisation spéciale. »

Nous répondîmes, après nous être regardés les uns les autres un instant, émerveillés par ce procédé d'une bienveillance toute paternelle, que nous ne savions que dire, car les mots nous manquaient pour exprimer notre gratitude ; et que des offres aussi nobles et généreuses ne nous laissaient rien à demander. Il nous semblait avoir devant les yeux une image de notre salut en Paradis. Car nous qui, un instant auparavant, étions encore dans les griffes de la mort, nous nous trouvions à présent en un lieu où tout n'était que consolations. Quant à ce qui nous avait été intimé, nous ne manquerions pas d'y obéir, bien qu'il fût impossible à nos cœurs de ne pas brûler du désir de pénétrer plus avant sur cette terre bienheureuse et sainte. Nous ajoutâmes que nous préférerions voir *notre langue se coller à notre palais plutôt que d'oublier* [16] dans nos prières ou sa vénérable personne ou cette nation tout entière. Déposant à ses pieds nos personnes et nos biens en offrande, nous le priâmes très humblement de nous considérer comme ses fidèles serviteurs, de par le droit le plus juste qui ait jamais lié homme sur terre.

Il déclara qu'il était prêtre et requérait une récompense de prêtre, c'est-à-dire notre amour fraternel et le bien de nos âmes comme de notre corps. Puis il nous quitta, non sans quelques larmes de tendresse dans les yeux. Il nous laissa confondus, nous aussi, de joie et de reconnaissance ; nous nous disions les uns aux autres que nous étions arrivés dans un pays d'anges, des anges qui nous apparaissaient tous les jours et qui, avec prévenance, nous prodiguaient des secours auxquels nous ne songions point et que nous attendions encore moins.

Le lendemain vers dix heures, l'Intendant revint nous voir, et, après un échange de salutations, nous dit sur un ton familier qu'il venait en simple visite. Il demanda un siège et s'assit. Nous (nous étions une dizaine, certains étant sortis, et ceux de condition inférieure n'assistant pas à cet entretien), nous nous assîmes en sa compagnie. Quand nous fûmes installés, il commença en ces termes :

« Nous autres, habitants de Bensalem [17] (car c'est ainsi qu'ils nomment le pays en leur langue), avons ceci de particulier que, grâce à notre isolement, au secret que nos lois enjoignent à nos navigateurs, grâce également au fait que nous laissons entrer peu d'étrangers, il se trouve que, nous qui connaissons bien la plus grande partie du monde habité, nous sommes, nous, complètement inconnus. Puisque c'est à celui qui en sait le moins qu'il revient d'interroger celui qui en sait le plus, il vaut mieux, pour l'agrément de notre conversation, que ce soit vous plutôt que moi qui posiez les questions. »

Nous répondîmes que nous le remerciions humblement de nous donner cette liberté et que, à en juger d'après les avant-goûts que nous en avions eus, nous n'imaginions aucune chose plus digne au monde d'être connue que la condition de ce pays bienheureux. Et qu'il était une chose que nous désirions pardessus tout savoir : nous nous rencontrions ici, venant des extrémités du monde, et nous espérions fermement nous revoir un jour dans le Royaume des Cieux, puisque nous étions chrétiens les uns comme les autres ; comme, par ailleurs, cette contrée était fort éloignée du lieu où notre Seigneur a foulé la Terre, et qu'elle en était séparée par de très vastes étendues de mers inexplorées : pour toutes ces raisons, donc, nous désirions savoir, disions-nous, quel était l'Apôtre de cette nation et comment celle-ci avait été convertie à la foi chrétienne. Son visage refléta la vive satisfaction que lui causait la question :

« Vous vous attachez mon cœur, dit-il, en posant cette question en premier lieu. Elle montre que *vous cherchez avant tout le royaume des cieux* [18]. C'est avec joie que je vais y répondre. Je serai bref.

« Environ vingt ans après l'Ascension de notre Sauveur, il advint que des gens de Renfusa, ville située sur la côte est de notre île, virent pendant la nuit, et cette nuit était nuageuse et calme, à une distance d'un *mile* environ en mer, un grand pilier de lumière s'élevant de la mer très haut vers le ciel. Il n'était pas effilé, mais il avait la forme d'une colonne ou d'un cylindre [19]. A son sommet, on pouvait voir une grande croix de lumière, plus brillante et plus resplendissante que le pilier lui-même. Devant un si étrange spectacle, les habitants de la ville se rassemblèrent en hâte et s'en émerveillèrent. Puis ils montèrent dans une multitude de canots afin de voir de plus près ce spectacle prodigieux. Mais, lorsque les bateaux furent arrivés à une soixantaine de *yards* du pilier, ils se trouvèrent tous comme entravés, et ne pouvaient plus avancer davantage, de telle manière cependant qu'il leur restait possible de se mouvoir alentour, mais non de s'approcher de plus près, si bien que les bateaux demeuraient là, disposés comme dans un théâtre, à contempler cette lumière comme un signe du ciel. Or il se trouvait que, dans un des bateaux, avait pris place l'un des Sages de la Maison de Salomon ; laquelle Maison ou Collège, mes chers frères, est l'œil même de ce Royaume. Ce Sage, quand il eut regardé et contemplé un moment, avec attention et dévotion à la fois, le pilier et cette croix, se prosterna. Puis il se dressa sur les genoux et, levant les mains au ciel, fit cette prière :

"Seigneur, Dieu du ciel et de la terre, tu as daigné accorder par ta grâce à ceux de notre Ordre de connaître les œuvres de ta Création et leurs secrets, ainsi que de faire la distinction, pour autant qu'il appartient au genre humain de la faire, entre les miracles divins, les œuvres de la Nature, les ouvrages de l'art et les impostures ou les illusions de toutes sortes. En vérité, je reconnais ici et j'en témoigne devant ce peuple que le spectacle que nous avons en ce moment devant les yeux est ton index et un miracle véritable. Il est dit dans nos livres que tu n'opères de miracle qu'en vue d'une fin divine et excellente, car les lois de la nature sont tes propres lois, et tu ne les outrepasses que pour une raison importante. Aussi te supplions-nous très humblement : fasse que ce signe grandiose nous soit favorable et, en ta miséricorde, donne-nous son interprétation, dicte-nous la manière d'en user, comme déjà tu sembles en quelque sorte nous le promettre tacitement en nous l'envoyant."

« A peine eut-il prononcé cette prière qu'il sentit son bateau prêt à voguer, libéré de toute entrave, alors que tous les autres demeuraient prisonniers. Prenant cela comme une autorisation d'approcher, il ordonna que l'on rame doucement et en silence vers le pilier. Mais, avant qu'il ne les eût atteints, le pilier et la croix de lumière éclatèrent et se répandirent en un firmament étoilé qui s'évanouit aussitôt. Rien ne s'offrait plus au regard, sinon une petite arche, un coffre de cèdre, sec, sans nulle trace d'humidité, bien qu'il voguât sur les flots [20]. Un rameau vert de palmier poussait à l'avant du coffre, qui était tourné face au Sage [21]. Lorsque ce dernier l'eut pris avec vénération dans son bateau, le coffre s'ouvrit, et l'on y trouva un Livre et une Lettre. Les deux étaient écrits sur du fin parchemin et enveloppés dans de délicates étoffes de lin. Le Livre contenait tous les textes canoniques de l'Ancien et du Nouveau Testament, tels que vous les avez (car nous ne sommes pas sans savoir ce que vos Eglises reconnaissent), et même l'Apocalypse, et ceux des autres livres du Nouveau Testament qui n'étaient pourtant pas encore écrits à cette date. Quant à la Lettre, elle était rédigée en ces termes :

"A moi, Barthélemy, serviteur du Très-Haut, apôtre de Jésus-Christ, est apparu, dans une vision de gloire, un ange m'annonçant que je devais confier cette arche aux flots de la mer. Aussi, j'atteste et je déclare au peuple auquel cette arche est destinée par Dieu que, le jour même où ils l'auront recueillie, ils auront reçu du Père et du Seigneur Jésus salut, paix et bénédiction."

« Un grand miracle encore s'opéra par la voie de ces deux textes, le Livre comme la Lettre, miracle comparable à celui que connurent les apôtres lors du Don originel des Langues. Car, à cette époque, il y avait dans ce pays, outre les autochtones, des Hébreux, des Persans et des Indiens. Or chacun lut le Livre et la Lettre comme s'ils avaient été écrits dans sa langue à lui [22]. Et c'est ainsi que cette terre fut sauvée de l'irreligion, de la même manière que des bribes du Monde Antédiluvien le furent des eaux : par une arche ! Et grâce à l'évangélisation miraculeuse et apostolique de saint Barthélemy [23]. »

A ce point, l'Intendant fit une pause. Un messager entra, venant le chercher. Ce fut donc tout ce qui se passa au cours de cet entretien.

Le lendemain, il revint nous voir, tout de suite après le déjeuner, et s'excusa de ce que la veille il avait dû nous quitter un peu brusquement. A présent, il allait compenser cela en nous consacrant du temps, si du moins nous souhaitions sa société et sa conversation. Nous lui répondîmes que nous trouvions sa compagnie si agréable et si plaisante que nous en oubliions, à l'écouter, tant les dangers passés que les frayeurs à venir et que, pour nous, une heure en sa présence valait bien des années de notre vie écoulée. A ce compliment il s'inclina légèrement et, lorsque nous fûmes de nouveau installés, dit :

« Eh bien, à vous de poser des questions ! »

Après un moment de silence, l'un des nôtres dit qu'il y avait un sujet que nous étions désireux de connaître, tout en redoutant de l'aborder, de peur d'être indiscrets. Nous allions cependant avoir l'audace de poser cette question, enhardis par sa rare humanité à notre égard, humanité qui nous avait presque fait oublier notre condition d'étrangers, puisque nous étions devenus ses serviteurs avoués et déclarés. Nous allions la lui poser, cette question, en le suppliant toutefois très humblement, au cas où il jugerait qu'elle ne serait pas de nature à pouvoir recevoir une réponse, de nous la pardonner tout en la rejetant. Nous avions prêté une grande attention à ce qu'il nous avait dit auparavant sur cette île heureuse où nous avions trouvé pied : elle était, avait-il dit, connue de très peu de gens, alors qu'elle avait connaissance de la plupart des nations qui sont au monde. Et nous ne pouvions en effet que constater la vérité de ses dires, vu que les habitants de cette île possédaient les langues européennes et connaissaient notre situation comme nos affaires, tandis que nous autres, en Europe, malgré toutes les découvertes et les courses lointaines de ces derniers temps, nous n'avions jamais entendu dire que quelqu'un aurait subodoré l'existence de cette île, ou en aurait eu quelque aperçu, si petit soit-il. Voilà qui nous semblait étrangement surprenant, car c'est un fait que toutes les nations s'entreconnaissent les unes les autres [24], soit parce qu'elles effectuent des voyages sous d'autres cieux, soit parce qu'elles reçoivent la visite d'étrangers. Certes, en général, l'homme qui voyage dans un autre pays connaît davantage, en voyant de ses propres yeux, que celui qui reste chez lui et n'a que le récit du voyageur pour source d'information ; néanmoins, ces deux façons suffisent à donner dans une certaine mesure à ces deux pays une connaissance réciproque. En revanche, pour ce qui est de leur île à eux, nous n'avions jamais entendu signaler l'arrivée d'un de leurs navires sur quelque côte d'Europe, non plus que sur les côtes des Indes Orientales ou Occidentales. Personne n'avait davantage entendu parler d'un quelconque navire, appartenant à quelque autre région du monde, qui soit jamais revenu de leur île [25].

Là n'était pas encore le plus étonnant : comme nous l'avait dit Sa Seigneurie, la localisation de cette île, cachée dans une enclave secrète au cœur d'un si vaste océan, pouvait expliquer cela. Mais qu'alors ils eussent connaissance des langues, des livres et des affaires de pays qui sont situés à une telle distance de chez eux, voilà une chose que nous ne pouvions en aucune façon comprendre. Car, nous semblait-il, c'est un attribut et une propriété des pouvoirs divins, des êtres divins, que de rester cachés et inaperçus des autres êtres, quand, inversement, ces derniers n'ont aucun secret pour eux et sont en pleine lumière.

A ces mots, l'Intendant eut un sourire plein de grâce, et dit que nous avions bien fait de demander pardon pour cette question, car elle laissait supposer que pour nous ce pays était un pays de magiciens qui envoyaient des Esprits de l'Air dans toutes les parties du monde pour qu'ils leur rapportent des nouvelles et des renseignements sur les autres pays [26]. Nous répondîmes tous, avec toute l'humilité possible, mais cependant avec un air qui montrait bien que nous savions qu'il disait cela en plaisantant, que nous étions assez enclins à croire qu'il y avait en effet quelque chose de surnaturel dans cette île, mais qui tenait assurément de l'angélisme plutôt que de la magie. Nous ajoutâmes que Sa Seigneurie devait entendre la véritable raison de notre hésitation et de notre réticence, qui n'étaient dues en aucune façon à une pareille idée : nous nous étions seulement souvenus de l'allusion qu'Elle nous avait faite, dans sa première déclaration, à des lois de ce pays prescrivant le secret vis-à-vis des étrangers. A ceci, l'Intendant répondit :

« Vos souvenirs sont exacts et, par conséquent, dans ce que je vais vous exposer, je devrai passer sous silence certaines choses que la loi m'interdit de vous révéler ; il en demeurera cependant assez pour vous donner satisfaction. Sachez d'abord ceci, qui peut-être vous semblera à peine croyable : il y a environ trois mille ans ou un peu plus, la navigation dans le monde, surtout pour les voyages lointains, était plus importante que de nos jours. N'allez pas présumer que j'ignore combien elle s'est développée dans vos pays depuis cent vingt ans : je le sais fort bien, et cependant j'affirme qu'elle était plus importante par le passé qu'aujourd'hui. Que ce soit l'exemple de l'Arche sauvant les rescapés du genre humain du Déluge universel qui ait donné confiance aux hommes pour s'aventurer sur les mers ou qu'il s'agisse d'une tout autre cause, telle est, en tout cas, la vérité. Les Phéniciens, et surtout les Tyriens, avaient des flottes puissantes [27], de même que les gens de Carthage, cette colonie de Tyr située encore [28] plus à l'ouest. Vers l'est, la marine égyptienne et celle de Palestine étaient tout aussi importantes [29]. Il en allait de même pour la Chine et la Grande Atlantide, que vous nommez Amérique, où l'on ne possède plus aujourd'hui que des jonques et des canoës, et qui comptaient alors de nombreux vaisseaux de haut bord.

« Cette île-ci, comme l'attestent des mémoires

d'époque dignes de foi, avait alors mille cinq cents navires robustes et de fort tonnage. De tout cela vous n'avez conservé, au plus, qu'un vague souvenir, mais nous, nous en avons une connaissance étendue [30].

A cette époque, notre terre de Bensalem était connue et fréquentée par des navires et des vaisseaux de toutes les nations précédemment citées. Comme il arrive d'ordinaire, ils avaient souvent aussi à leur bord des gens venus d'autres pays du monde, qui n'étaient pas des peuples marins, tels que des Perses, des Chaldéens et des Arabes. Si bien que presque toutes les nations puissantes et glorieuses venaient ici. Nous avons encore parmi nous aujourd'hui quelques familles et de petites tribus qui descendent d'elles.

« Quant à nos propres navires, ils faisaient divers voyages, soit vers votre Détroit, que vous appelez les colonnes d'Hercule, soit vers d'autres parties de l'Atlantique et de la mer Méditerranée, soit vers Pékin (qui est un autre nom pour Cambaline [31]) et vers Quinze sur les mers du Levant ou jusqu'aux frontières de la Tartarie orientale.

« A la même époque, et une génération plus tard, voire davantage, les habitants de la Grande Atlantide connurent une grande prospérité. Le récit et la description faits par un homme célèbre de chez vous [32] racontent que la descendance de Neptune s'était installée là. Cet auteur a décrit le temple magnifique, le palais, la cité, la colline et les multiples cours d'eau aisément navigables qui, comme autant de chaînes, encerclaient le site en question et son temple. Il vous a rapporté que les hommes accédaient à ce temple en gravissant plus d'un degré, comme si ce chemin ascendant était une *scala coeli* [33]. Bien que ce récit soit tout entier poétique et fabuleux, cependant il a ceci de vrai que ledit pays d'Atlantide, de même que celui du Pérou, appelé encore Coya, ainsi que celui du Mexique, qu'on nommait alors Tyrambel, étaient de puissants et superbes royaumes, par leurs armes, leur flotte et leurs richesses. Si puissants que, au même moment, ou en tout cas à moins de dix ans d'écart, ils entreprirent de grandes expéditions, ceux de Tyrambel traversant l'Atlantique en direction de la Méditerranée et ceux de Coya franchissant la mer du Sud jusqu'à cette île qui est la nôtre. En ce qui concerne la première expédition, celle qui alla jusqu'en Europe, le même auteur de chez vous en eut, semble-t-il, quelque écho, grâce au prêtre égyptien qu'il cite. Car, sans doute, une chose de ce genre eut lieu. Quant à savoir si ce furent vraiment les anciens Athéniens qui eurent la gloire de tenir tête à ces assaillants et de repousser leur flotte, je ne saurais le dire. Mais il est sûr que jamais bateau ni homme ne revint de ce voyage. L'expédition entreprise contre nous par les gens de Coya n'aurait pas connu un sort meilleur s'ils n'avaient trouvé en face d'eux des ennemis plus cléments. Le roi de cette île, Altabin, qui était un sage doublé d'un grand homme de guerre, sut estimer sa propre force et celle de ses adversaires, et manœuvra si bien qu'il coupa leur armée de terre de leur flotte [34]. Il déploya autour de leur navires comme de leur campement des forces plus importantes que les leurs, les prenant ainsi au piège tant sur mer que sur terre. Sans coup férir, il les contraignit tous à se rendre. Puis, quand il les tint à sa merci, il n'exigea d'eux rien d'autre que la promesse solennelle de ne plus jamais porter les armes contre lui, et il les renvoya tous sains et saufs.

« La vengeance divine cependant ne tarda pas à les punir de ces ambitieuses expéditions : moins d'une centaine d'années plus tard, la Grande Atlantide fut totalement détruite et ruinée, non par un tremblement de terre, comme le dit votre auteur (cette région du monde est peu sujette aux tremblements de terre), mais par un Déluge qui lui fut particulier, par une inondation [35]. Car il y avait à cette époque dans ce pays des fleuves bien plus grands et des montagnes bien plus hautes que ce que l'on voit dans le Vieux Monde pour déverser de l'eau dans les parties basses. Mais il est vrai aussi que, lors de cette inondation, la hauteur des eaux ne dépassa pas quarante pieds dans la plupart des endroits. Aussi, bien qu'elle fît périr en masse hommes et bêtes, quelques sauvages cependant, hôtes de la forêt, en réchappèrent. Les oiseaux se sauvèrent également en allant se réfugier sur les arbres les plus hauts. Certes, les hommes disposaient, eux, en de nombreux endroits, d'édifices dépassant largement la hauteur des eaux, mais l'inondation, si elle fut peu profonde, dura fort longtemps, si bien que ceux des habitants de la vallée qui ne furent pas noyés moururent de manque de nourriture et des autres choses nécessaires à la vie. Ainsi, ne soyez point étonnés que la population de l'Amérique soit peu importante, ni que ce peuple soit si rude et si ignorant. Car vous devez considérer les habitants de l'Amérique, tels que vous les connaissez, comme un peuple jeune, plus jeune de mille ans au moins que le reste du monde. Tel est en effet le temps qui s'est écoulé entre le Déluge universel et leur inondation particulière. Car les rares survivants de l'espèce humaine qui demeurèrent dans les montagnes repeuplèrent lentement le pays. Frustes et sauvages (contrairement à Noé et ses fils, la plus digne famille de la terre), ils ne purent léguer à leur descendance ni les lettres et les arts ni un genre de vie civilisé [36].

« Par ailleurs, ils avaient également pris l'habitude, dans leurs habitations montagnardes, à cause de l'extrême froid de ces régions, de se vêtir de peaux de tigres, d'ours et de ces grands boucs à poils longs qu'on trouve dans ces contrées. Après être descendus dans la vallée et y avoir trouvé les chaleurs intolérables qui y règnent, comme ils ne connaissaient aucune façon de se vêtir plus légèrement, ils adoptèrent la coutume, qui subsiste encore à ce jour, d'aller nus. Ils tiraient seulement une grande fierté et un plaisir extrême à porter des plumes d'oiseaux, goût qu'ils tenaient aussi de leurs ancêtres montagnards, chez lesquels il avait été éveillé par la présence des nuées innombrables d'oiseaux qui vinrent se réfugier sur ces hautes terres quand les eaux occupaient la plaine.

« Ainsi, à cause de cet accident majeur du Temps,

nous perdîmes tout commerce avec les Américains, qui étaient le peuple entre tous avec lequel nous avions le plus de relations, eu égard à sa proximité. Quant aux autres régions du monde, il est tout à fait évident qu'au cours des siècles suivants – que ce soit à cause des guerres ou d'une révolution naturelle du Temps – la navigation connut partout un grand déclin. Les voyages lointains tout particulièrement furent abandonnés et oubliés, ce d'autant plus qu'on se mit à utiliser à l'époque surtout des galères et autres vaisseaux peu aptes à affronter l'océan. C'est ainsi que, pour cette part de l'entre-communication qui résulterait des voyages effectués par des étrangers chez nous, elle a cessé d'exister depuis longtemps, si ce n'est par quelque rare accident, comme celui qui vous a amenés ici. Mais, pour ce qui est du terme mis à nos voyages à nous vers d'autres nations, autre mode de l'entre-communication, il me faut invoquer une autre cause. Car je ne puis nier, pour être franc, que notre marine est aussi remarquable que jamais pour son nombre et sa force, pour ses marins et ses pilotes, enfin pour tout ce qui concerne la navigation. Par conséquent, la raison pour laquelle nous restons chez nous, je m'en vais vous l'exposer à part ; cela contribuera d'ailleurs à répondre de façon plus satisfaisante à votre question première.

« Sur cette île régna, il y a environ mille neuf cents ans, un roi dont nous révérons la mémoire par-dessus tout, non de façon superstitieuse, mais parce que nous le considérons comme un instrument de Dieu, tout mortel qu'il fût. Il portait le nom de Solamona et nous vénérons en lui le législateur de notre nation [37]. Ce roi était un *grand cœur* [38], sa bonté était insondable et il se consacrait tout entier à faire le bonheur de son royaume et de son peuple. Ce roi donc prit acte du fait que notre pays était suffisamment prospère pour se suffire à lui-même et subvenir à ses propres besoins, sans aucun apport de l'extérieur, vu qu'il comptait cinq mille six cents *miles* de circonférence et que la plus grande partie de son sol était d'une rare fertilité ;

il estima aussi que la flotte de ce pays pouvait être largement employée à la pêche et au cabotage, ou encore à la liaison avec quelques petites îles, situées non loin d'ici, qui sont sous le contrôle de la Couronne et des lois de notre Etat ; il repassa en sa mémoire combien la situation de son pays était heureuse et florissante à l'époque, de sorte qu'elle pouvait être gâtée de mille façons, mais qu'il n'y avait peut-être pas une seule manière de l'améliorer ; ce roi, dis-je, jugea alors que rien ne manquait pour poursuivre ses nobles et héroïques desseins, sinon d'assurer, aussi loin que la prévoyance humaine en est capable, la perpétuité de ce qui était, de son temps, établi avec tant de bonheur. Voilà pourquoi l'une des lois fondamentales qu'il légua à ce royaume a pour objet d'interdire ou de réglementer l'accès de notre territoire aux étrangers : car il était encore fréquent à cette époque, bien que ce fût après la catastrophe survenue en Amérique, que des étrangers nous rendent visite. Or notre roi redoutait les innovations et le mélange des mœurs [39]. Vous me direz qu'il existe, de façon fort ancienne, dans le Royaume de Chine une loi analogue qui interdit l'entrée d'étrangers sans autorisation spéciale, loi toujours en vigueur aujourd'hui. Mais là-bas, ce n'est qu'une piètre chose, qui a fait des Chinois un peuple singulier, ignare, couard et stupide. Notre législateur, lui, fit la sienne d'une trempe toute différente, puisqu'il avait pourvu d'abord à tout ce que le sentiment d'humanité commande, en prenant les mesures et les dispositions nécessaires pour que les étrangers en détresse soient secourus : vous en avez eu un aperçu. »

A ces mots, nous nous levâmes tous pour saluer, comme il convenait. Il continua :

« Or, ce même roi était désireux de faire aller de pair les considérations humanitaires et les considérations politiques. Pensant qu'il était contraire à l'humanité de retenir ici des étrangers contre leur gré, comme contraire à la politique de les laisser repartir chez eux et faire ainsi connaître l'existence de cet Etat, il prit le parti suivant : il ordonna que tous ceux, parmi les étrangers qui auraient reçu l'autorisation de débarquer, qui voudraient par la suite quitter l'île le pourraient à tout moment, mais qu'en revanche tous ceux qui désireraient rester seraient assurés que l'Etat leur donnerait les meilleures conditions matérielles et financières. En cela, il sut prévoir remarquablement puisqu'à ce jour, quand tant de siècles se sont écoulés depuis cette réglementation, nous n'avons pas souvenir d'un seul bateau qui soit reparti vers sa patrie. Et treize personnes seulement, en tout, choisirent de rentrer chez elles à bord de nos navires. Ce que ces quelques personnes ont éventuellement raconté à l'étranger, je l'ignore. Peu importe, d'ailleurs : vous imaginez bien que cela a forcément été pris, là où elles abordèrent, pour un rêve. Quant aux voyages que nous étions, nous, susceptibles d'entreprendre vers d'autres contrées, notre législateur jugea bon de les soumettre aux plus grandes restrictions possibles. Il n'en est pas ainsi en Chine, car les Chinois naviguent là où ils le veulent ou peuvent, ce qui montre assez que la loi qui ferme leur territoire aux étrangers est, chez eux, une loi inspirée par la pusillanimité et la crainte.

« L'interdiction qui pèse sur nos propres voyages comporte cependant une, et une seule, exception, qui est remarquable : elle conserve tout le bien qui provient de la communication avec des étrangers, tout en en évitant les effets nocifs. Je vais vous la dévoiler. Ce faisant, je semblerai m'écarter un peu du sujet, mais vous verrez sous peu que ma digression a lieu d'être. Sachez, mes amis, que parmi les choses excellentes accomplies par ce roi, il en est une qui surpasse toutes les autres. Ce fut la création et l'institution d'un Ordre ou Société que nous appelons la Maison de Salomon – la plus noble fondation, selon nous, qui fût jamais sur terre, et le flambeau de ce royaume. Elle est consacrée à l'étude des œuvres et des créations de Dieu. Certains pensent qu'elle porte le nom quelque peu déformé de son fondateur, comme si ce devait être la Maison de Solamona [40]. Mais dans les archives, le nom est écrit comme il se prononce, de telle sorte que je suis enclin à penser qu'elle fut ainsi nommée en mémoire du roi des Hébreux, célèbre chez vous, et qui n'est pas un inconnu pour nous non plus. Nous possédons d'ailleurs quelques parties, pour vous perdues, de son œuvre ; à savoir son Histoire naturelle, où il traite de toutes les plantes depuis le *cèdre du Liban* jusqu'à la *mousse qui croît sur les murs*, et de *tout ce qui vit et qui possède le mouvement* [41]. Ceci me porte à croire que notre roi, voyant qu'il était en accord, sur bien des points, avec ce roi des Hébreux qui avait vécu tant d'années avant lui, voulut lui rendre hommage en donnant son nom à cette fondation. Et je pencherais d'autant plus pour cette opinion que, dans les vieilles chroniques, cet Ordre ou Société s'appelle tantôt la Maison de Salomon, tantôt le Collège de l'Œuvre des Six Jours. Ce qui montre assez, à mon sens, que notre excellent roi avait appris des Hébreux que Dieu avait créé le monde et tout ce qu'il contient en six jours. C'est pourquoi il donna aussi à cette maison cet autre nom, attendu qu'il l'instituait en vue de permettre de découvrir la nature de toute chose – ce par quoi Dieu puisse trouver une gloire plus grande, la perfection de son art étant mieux connue, et les hommes un profit plus grand dans leur utilisation des choses de la nature.

« Mais venons-en à la question qui nous intéresse présentement. Quand le roi eut interdit à quiconque de naviguer en toute région située en dehors de son empire, il décréta néanmoins que tous les douze ans devraient être envoyés à l'étranger deux navires équipés pour plusieurs voyages. A bord de chaque navire se trouverait une délégation de trois Frères, membres de la Maison de Salomon. Leur mission avait pour seul but de nous faire connaître les affaires et l'état des pays où on les envoyait, et notamment tout ce qui pouvait concerner les sciences, les arts, les techniques et les inventions du monde entier. Des livres, des instruments et des modèles de toutes sortes devaient en même temps nous être rapportés. Il fut également prévu que ces navires, après avoir amené les Frères à bon port, s'en reviendraient, tandis que les Frères resteraient à l'étranger jusqu'à la mission suivante. Ces navires ne transportent que des réserves de vivres ainsi qu'une bonne quantité d'or laissée à la disposition des Frères, pour l'achat de toutes les choses qu'ils jugeraient nécessaires comme pour la rétribution des personnes qui pourraient l'avoir méritée. Quant à vous dire comment on veille à ce que le commun des matelots ne se trahisse pas à terre ; comment ceux qui débarquent pour un laps de temps quelconque se cachent sous une nationalité d'emprunt ; ou vous dire quelles ont été jusqu'à présent les diverses destinations de ces voyages ; quels lieux de rendez-vous sont fixés avec la nouvelle expédition qui doit les ramener, et toutes les autres circonstances de ce genre qui regardent le côté pratique de l'entreprise : voilà ce qu'il ne m'est pas permis de faire – d'ailleurs, vous n'en avez probablement pas le désir. Ainsi, voyez-vous, nous maintenons donc un commerce, non pour nous procurer de l'or, de l'argent, des pierres précieuses, des soieries, des épices ou d'autres commodités matérielles, mais pour la première Œuvre de Dieu, qui fut la Lumière : pour recueillir la lumière, dis-je, en quelque partie du monde qu'elle croisse [42]. »

Quand il eut dit cela, il demeura silencieux, et nous de même. Nous étions stupéfaits d'entendre dire des choses aussi étranges présentées de façon aussi plausible. Lui, sentant qu'il y avait quelque chose que nous aurions bien voulu dire, mais que nous n'étions pas encore prêts à formuler, il nous tira d'embarras avec beaucoup de courtoisie en condescendant à nous poser des questions sur notre voyage et nos aventures. Puis il conclut que nous ferions bien de nous concerter et de décider quel temps de séjour nous demanderions à l'Etat, nous priant de ne pas nous imposer nous-mêmes des restrictions, puisqu'il nous ferait obtenir tout le temps de séjour que nous pourrions désirer. Sur quoi, nous nous levâmes tous, fîmes geste de baiser l'ourlet de son manteau, mais il ne voulut point le souffrir et, sur ces entrefaites, prit congé de nous.

Quand la nouvelle parvint à nos gens que l'Etat avait pour usage de verser une pension aux étrangers qui choisissaient de rester dans l'île, nous fûmes en grand péril de nous trouver sans un homme pour s'occuper de notre navire et nous eûmes fort à faire pour les empêcher d'aller sur-le-champ trouver l'Intendant pour solliciter une telle pension [43]. Mais, après bien des efforts, nous les persuadâmes d'attendre que nous fussions tous tombés d'accord sur le parti à prendre.

Nous nous considérions dès lors comme des hommes libres, voyant que tout danger grave était écarté. Joyeux, nous passions notre temps à nous promener pour voir ce qui méritait d'être vu dans la cité et dans les environs, à l'intérieur du périmètre qui nous était accordé, ainsi qu'à faire connaissance avec de nombreuses personnes de la ville, et non du moindre rang. Auprès d'eux, nous trouvâmes une telle humanité, une telle franchise et un tel désir d'accueillir, si l'on peut dire, les étrangers en leur sein, que nous en oubliâmes tout ce qui nous était cher dans nos patries. Et nous découvrions constamment de nombreuses choses dignes d'être remarquées [44] et racontées. Car, en vérité, s'il est en ce monde un miroir [45] digne de retenir le regard de l'homme, c'est bien ce pays-là.

Un jour, deux des nôtres furent conviés à une Fête de la Famille, comme ils l'appellent là-bas. C'est une coutume des plus fidèles à la nature, pieuse et vénérable, et qui montre que cette nation n'est composée que de Bien. Voici en quoi cette fête consiste : elle est accordée à tout homme qui vit assez longtemps pour compter, issus de sa chair, trente descendants vivants, âgés de plus de trois ans. Elle est donnée aux frais de l'Etat. Deux jours avant cette fête, le père de famille, que l'on appelle le Tirsan [46], réunit trois amis de son choix. Le Gouverneur de la ville ou de l'endroit où la fête est célébrée se rend également auprès de lui. Et tous les membres de la famille, hommes et femmes, sont convoqués. Pendant ces deux jours, le Tirsan préside un conseil consacré à la situation et à la prospérité de la famille. Là, au cas où il existerait un quelconque désaccord ou un procès entre les membres de la famille, le conflit serait réglé et la paix restaurée. Là, si quelque membre de la famille se trouvait en détresse, ou même simplement dans l'affliction, des dispositions seraient prises pour venir à son secours et le doter de moyens convenables d'existence. Là, à supposer que l'un d'eux s'adonne au vice ou est engagé dans de mauvais chemins, il est admonesté et sa conduite stigmatisée. De même, on y donne des directives concernant les mariages et les choix que chacun devrait faire dans la vie, et autres ordres et conseils du même genre. Le Gouverneur est présent à cette réunion, dans le but de faire exécuter, par l'autorité publique qui est la sienne, les décisions et les ordres du Tirsan, au cas où ceux-ci ne seraient pas respectés d'emblée. Il est cependant rare qu'il lui faille intervenir, tant sont grands le respect et l'obéissance que tous témoignent à l'ordre de la nature.

Ensuite, le Tirsan choisit parmi ses fils un homme, pour vivre avec lui dans sa maison. Celui-ci portera désormais le nom de Fils de la Vigne, pour une raison qui vous apparaîtra ci-après. Le jour de la fête, après l'office divin, le père, ou Tirsan, s'avance dans une vaste salle où la fête doit être célébrée. Tout au fond de cette salle se trouve une estrade. Contre le mur, au centre de cette estrade, un siège est disposé à l'intention du Tirsan. Une table et un tapis sont placés devant, et au-dessus se trouve un dais, de forme ronde ou ovale, fait de lierre – un lierre un peu plus blanc que le nôtre, et qui rappelle la feuille du tremble argenté, en plus brillant, car il reste vert tout l'hiver. Ce dais, délicatement ourdi de fils d'argent et de soie de différentes couleurs, entrelacés dans les branches de lierre, et les maintenant ensemble, est dû, selon la coutume, au travail de quelques-unes des filles de la maison. Un fin voile de soie et d'argent le recouvre du haut ; c'est le lierre cependant qui reste la substance dominante. Lorsqu'on le défait, les amis de la famille aiment à en recevoir quelque feuille ou quelque branche qu'ils conservent.

Le Tirsan fait son entrée, accompagné de toutes les personnes de sa descendance ou lignée, les mâles marchant devant lui et les femmes à sa suite [47]. S'il est une mère de la chair de laquelle soit issue toute la lignée, on installe à la droite du siège du Tirsan, derrière un écran, une loge surélevée desservie par une porte dérobée et pourvue d'une fenêtre sculptée dont les croisillons de plomb sont dorés ou peints en bleu ; c'est là qu'elle se tient assise, invisible [48]. Le Tirsan gagne sa place, et s'assoit. Tous les membres de sa famille se rangent debout contre le mur derrière lui, ainsi que sur les côtés de l'estrade, par ordre d'âge, sans distinction de sexe. Le père s'installe donc ; la salle, toujours pleine de monde, reste cependant calme et bien ordonnée. On laisse passer un temps ; puis s'avance, du fond de la salle, un Taratan (c'est-à-dire une espèce de héraut) escorté de deux jeunes garçons : l'un d'eux porte un rouleau de parchemin, ce parchemin jaune et brillant qui est le leur, et l'autre porte une grappe de raisin en or, pourvue d'une longue tige ou pampre. Le héraut et les enfants sont tous trois vêtus d'une cape de satin d'une couleur vert d'eau rappelant celle de la mer ; mais la cape du héraut est veinée d'or, et se termine par une traîne. Le héraut, après avoir fait trois révérences, ou plutôt s'être incliné trois fois, s'avance jusqu'à l'estrade. Là, il saisit d'abord le rouleau de parchemin. C'est la Charte du Roi, octroyant rentes, privilèges nombreux, dispenses et marques d'honneur au Père de Famille. Ce document est toujours rédigé et adressé comme suit : « A Untel, notre Ami bien-aimé et notre créancier » – c'est là un titre qui n'est de mise que dans les circonstances dont nous parlons. Selon eux, en effet, le roi n'est jamais le débiteur de personne, si ce n'est pour la prolifération de ses sujets. Le sceau apposé à la Charte du Roi est à l'effigie même de celui-ci, en or coulé ou estampé. Bien que ces chartes soient émises d'office, et acquises comme de droit, cependant elles peuvent varier à volonté suivant le rang de la famille et le nombre de personnes. Le héraut lit cette charte à haute voix, et, pendant cette lecture, le père ou Tirsan se tient debout, soutenu par deux de ses fils, choisis par lui. Puis le héraut monte sur l'estrade et remet entre ses mains la charte, sous les acclamations de toute l'assistance qui s'écrie dans sa langue : « Heureux le peuple de Bensalem. » Ensuite le héraut prend, d'entre les mains de l'autre enfant, la grappe de raisin. Elle est toute d'or, les grains comme la tige, mais les grains sont colorés par un émail délicat : si le sexe masculin l'emporte en nombre dans la famille, le raisin sera ainsi coloré de pourpre, et surmonté d'un petit soleil, tandis que, si c'est le sexe féminin, le raisin sera d'un vert jaunâtre et orné d'un croissant le lune. Le nombre de grains correspond au nombre de descendants de la famille. Cette grappe dorée, le héraut la remet également au Tirsan, qui la confie aussitôt au fils qu'il a choisi auparavant pour vivre avec lui dans sa maison. Celui-ci la porte dorénavant devant son père, comme une marque d'honneur, à chaque fois que ce dernier paraît en public : dès lors, on l'appelle le Fils de la Vigne. Lorsque cette cérémonie a pris fin, le père ou Tirsan se retire. Un peu plus tard, il reparaît pour le dîner. Il s'assoit alors seul sous le dais, comme auparavant. Aucun de ses descendants ne s'assoit en sa compagnie, quels que soient son rang ou son titre, sauf s'il s'en trouve un qui appartienne à la Maison de Salomon. Il n'est servi que par ses propres enfants, et par des mâles exclusivement, qui, tout au long du dîner, se mettent à genoux pour le servir ; les femmes se contentent d'être là, auprès de lui, appuyées contre le mur. La salle que domine cette estrade est garnie sur les côtés de tables, pour les convives qu'on a priés. Ils sont servis de façon parfaitement ordonnée et bienséante. Vers la fin du dîner, qui, chez eux, même lors des plus grandes fêtes, ne dure jamais plus d'une heure et demie, on chante un hymne dont la forme varie selon l'inspiration de l'auteur (car ils ont la poésie la meilleure qui soit) mais dont le sujet est toujours l'éloge d'Adam, Noé et Abraham. En effet, les deux premiers peuplèrent le monde, et le troisième fut l'ancêtre de ceux qui ont la foi. Le dîner s'achève toujours par une action de grâces célébrant la nativité de notre Sauveur, dans la naissance duquel les naissances de tous sont une pure bénédiction. Le repas terminé, le Tirsan se retire à nouveau. Après s'être isolé pour prier en privé, il revient une troisième fois pour donner la bénédiction. Tous ses descendants l'entourent, placés comme au début de la cérémonie. Il les appelle alors les uns après les autres, par leur nom, dans un ordre qu'il peut choisir mais qui respecte généralement celui de l'âge. La table ayant été auparavant enlevée de l'estrade, celui ou celle qu'il a appelé-e s'agenouille devant le siège. Le Père, lui posant la main sur la tête, lui donne sa bénédiction en ces termes :

« Fils de Bensalem (ou fille de Bensalem), c'est ton père qui parle, c'est l'homme de qui tu as reçu souffle et vie qui prononce ceci : "Que la bénédiction du Père Eternel, du Prince de la Paix et de la Sainte Colombe soit sur toi, qu'elle rende bons et nombreux les jours de ton pieux voyage ici-bas." »

Voilà ce qu'il dit à chacun d'eux : ensuite, s'il est parmi ses fils certains dont le mérite ou la vertu soient éminents, il les rappelle (ils ne doivent pas dépasser le nombre de deux), et leur dit, levant le bras pour le poser sur leurs épaules, à eux qui se tiennent debout : « Mes fils, c'est un bonheur que vous soyez nés. Louez Dieu et persévérez jusqu'au bout. » Et il remet à chacun d'entre eux un joyau ayant la forme d'un épi de blé ; par la suite, ils le porteront toujours sur le devant de leur turban ou de leur coiffure. Après quoi, la compagnie consacre le reste de la journée à la musique, à la danse et à d'autres distractions, selon leur coutume. Voilà l'entier déroulement de cette fête.

Après cette fête, au bout de six ou sept jours, j'avais noué une relation étroite avec un marchand de cette ville, nommé Joabin [49]. Il était juif et circoncis : Bensalem compte en effet toujours quelques familles juives qu'on laisse libres de garder leur propre religion, ce d'autant plus volontiers que les juifs de Bensalem diffèrent grandement de ceux qui vivent dans les autres parties du monde. Alors que ces derniers exècrent le nom du Christ et nourrissent une haine secrète et invétérée pour les peuples parmi lesquels ils vivent, ceux de Bensalem, au contraire, prêtent à notre Sauveur maintes qualités éminentes, et ils portent un amour extrême à cette nation. Assurément, l'homme dont je parle n'hésitait pas à reconnaître que le Christ naquit d'une vierge, et qu'il était plus qu'un homme, ou à affirmer que Dieu le plaça à la tête des Séraphins qui gardent son trône. Ils appellent le Christ *la Voie Lactée*, ou *l'Elie du Messie* [50], et ils lui donnent maints autres noms glorieux : même si ces noms ne sont pas assez grands pour qualifier Sa Gloire, néanmoins ils sont bien différents du langage habituel des autres juifs. A l'égard du pays de Bensalem, cet homme ne tarissait pas d'éloges. Il souhaitait très vivement, conformément d'ailleurs à une tradition orale des juifs de cette contrée, accréditer l'idée que les habitants de l'île descendent d'Abraham, par un autre fils qu'ils appellent Nachoran. Moïse, disent-ils, par une cabale secrète [51], formula les lois qui sont encore en vigueur aujourd'hui à Bensalem. Et ils ajoutent enfin que, lorsque le Messie viendra pour prendre place sur son trône à Jérusalem, le roi de Bensalem s'assiéra à ses pieds alors que les autres rois devront rester à distance. Mis à part ces rêves judaïques, c'était un homme sage, savant, fort avisé, qui possédait une connaissance excellente des lois et des coutumes de cette nation [52].

Au cours de l'un de nos entretiens, je lui dis un jour que j'avais été fort impressionné d'apprendre, grâce au témoignage de certains des nôtres, que c'était la coutume chez eux de célébrer une Fête de la Famille, car il me semblait n'avoir jamais entendu parler d'une cérémonie où la Nature présidât davantage. Et, puisque la prolifération des familles est une conséquence de l'accouplement nuptial, je voulus savoir de lui quelles étaient les lois et coutumes qui, chez eux, régissent le mariage ; s'ils respectaient strictement cette institution, et s'ils étaient liés à une seule et unique femme. Car, dans les pays où l'on souhaite voir le peuple se multiplier, comme cela semble être le cas chez eux, il est généralement permis à un homme d'avoir plusieurs femmes. A cela il répondit :

« C'est à juste titre que vous louez cette excellente institution qu'est la Fête de Famille [53]. L'expérience assurément montre que les familles qui sont venues partager la bénédiction de cette fête s'épanouissent dès lors et prospèrent de façon extraordinaire. Mais que je vous dise ce que je sais : il n'est pas, voyez-vous, sous la voûte céleste, une autre nation aussi chaste que celle de Bensalem, ni exempte comme elle de toute impureté ou souillure. C'est la vierge du monde. Je me souviens d'avoir lu dans un livre de chez vous l'histoire d'un saint ermite qui désirait voir l'Esprit de Fornication. Il lui apparut un petit Ethiopien d'une laideur repoussante. Mais s'il avait désiré voir l'Esprit de Chasteté tel qu'il règne à Bensalem, il lui serait apparu sous les traits d'un Chérubin de la plus grande beauté. Car il n'est rien ici-bas, parmi les mortels, de plus beau ni de plus admirable que les cœurs chastes de ce peuple. Sachez donc que chez eux il n'y a ni lupanars ni lieux de débauche, ni courtisanes, ni rien de la sorte. Et même, ils s'étonnent et s'indignent qu'en Europe vous permettiez de telles choses. Selon eux, vous avez privé le mariage de sa fonction, lui qui est destiné à être un remède à l'immorale concupiscence [54]. La concupiscence naturelle apparaît même comme un aiguillon qui incite au mariage [55]. Mais dès l'instant que les hommes ont à leur portée un remède qui flatte mieux leurs désirs corrompus, le mariage se voit quasi frappé d'ostracisme. C'est ainsi qu'on voit chez vous quantité d'hommes qui ne se marient point, préférant vivre en célibataires une vie impure et libertine, plutôt que de subir le joug du mariage. Beaucoup de ceux qui se marient le font tard, quand ils ont perdu la fleur et la force de leur âge. Et lorsque enfin ils s'y décident, qu'est le mariage pour eux, sinon une simple transaction où l'on recherche le prestige de l'alliance, le montant de la dot ou l'importance du renom, le tout assorti peut-être d'un désir vague de descendance ? Ce n'est certes pas là la foi nuptiale, l'union de l'homme et de la femme telle qu'elle fut à l'origine instituée. Il n'est pas possible non plus que ceux qui ont si indignement dilapidé une si grande partie de leurs forces sachent faire, autant que les hommes chastes, grand cas de leurs enfants – attendu que ces derniers sont bien de la même étoffe. Se corrigent-ils du moins après le mariage, comme cela devrait se produire s'il était vrai que de tels écarts sont tolérés seulement par nécessité ? Non, la licence persiste au contraire, constituant une injure abominable à l'endroit du mariage. La fréquentation des lieux de débauche ou le commerce avec des courtisanes ne sont pas plus sévèrement punis lorsqu'il s'agit d'hommes mariés que lorsqu'il s'agit de célibataires. Cette coutume dépravée qui consiste à aller de femme en femme, ce plaisir débauché pris dans des étreintes vénales où le péché se transforme en art, voilà qui rend le mariage terne et en fait une taxe ou un impôt. Les gens de Bensalem savent que vous défendez ces mœurs en alléguant qu'elles sont propres à éviter de plus grands maux, tels qu'adultères, déflorations de vierges, instincts contre nature, et choses du même genre. Mais, disent-ils, ce n'est là que sagesse imbécile, et ils appellent cela « la libéralité de Lot », Lot qui, pour éviter que quelque offense soit faite à ses hôtes, livra ses filles [56]. En vérité, ajoutent-ils, on gagne bien peu à de pareilles pratiques, car ces vices et ces appétits subsistent, inchangés, et même prolifèrent. Les instincts pervers sont en effet semblables à une fournaise : si vous en étouffez complètement les flammes, elle s'éteindra, mais si vous laissez passer le moindre souffle d'air, elle fera rage. Quant à l'amour des hommes entre eux, c'est là une chose qui est totalement étrangère aux habitants de Bensalem. Pourtant, nulle part dans le monde, encore une fois, on ne trouve des amitiés aussi fidèles et aussi pures qu'ici. De façon générale, ainsi que je l'ai déjà dit, je n'ai trouvé dans aucune de mes lectures mention d'aucun peuple dont la chasteté égale la leur. “Celui qui n'est pas chaste, aiment-ils à dire, ne peut se respecter”, et ils disent aussi que “le respect de soi-même est, après la religion, le frein principal à tout vice”. »

Après avoir dit cela, mon ami le juif se tut un instant. Je désirais certes davantage l'écouter que parler moi-même. Mais je jugeais aussi qu'il me revenait, puisqu'il faisait une pause, de prononcer quelques mots :

« A vous je dirai ce que la veuve de Sarepta dit à Elie, à savoir qu'il était venu pour nous rappeler nos fautes [57]. Il me faut reconnaître que la vertu de Bensalem l'emporte grandement sur celle de l'Europe. »

A ce discours, il inclina la tête et poursuivit de la sorte :

« Ils ont aussi maintes lois excellentes et sages concernant le mariage. La polygamie n'est pas permise. La loi prévoit que nul ne puisse se marier ni se fiancer tant qu'un délai d'un mois ne s'est pas écoulé depuis la première rencontre. Quant aux mariages sans le consentement des parents, on ne les annule pas, mais on les pénalise dans la personne des héritiers : les enfants de tels mariages ne peuvent également hériter de plus d'un tiers des biens de leurs parents. J'ai lu dans un livre de chez vous la description d'une République Imaginaire où l'on permet aux futurs époux de se voir nus avant de contracter mariage [58]. Une telle coutume choque les gens d'ici, car, disent-ils, refuser finalement le mariage, quand il y a eu connaissance si intime, voilà qui constitue un outrage. Cependant, comme il est dans le corps des hommes et des femmes maint défaut caché, un usage analogue, mais plus courtois, existe ici : il y a, près de chaque ville, deux bassins (qu'on appelle « les bassins d'Adam et d'Eve ») où l'on autorise l'un des amis de l'homme, comme l'une des amies de la femme, à les voir se baigner nus séparés l'un de l'autre. »

Comme nous étions en train de deviser ainsi, un homme survint qui avait l'air d'être un messager. Il était vêtu d'une riche cape, et il s'adressa au juif. Sur quoi celui-ci, se tournant vers moi, me dit :

« Vous m'excuserez, mais il faut que je parte à l'instant. »

Le lendemain, il revint me trouver. Il semblait de fort joyeuse humeur et me dit :

« Le Gouverneur de la ville a été avisé de ce que l'un des Pères de la Maison de Salomon serait ici dans une semaine. Nous n'avons vu aucun d'entre eux depuis une douzaine d'années. Il doit venir en grande pompe, mais la raison de sa venue est tenue secrète. Je m'occuperai de vous trouver, à vous et à vos compagnons, un endroit commode pour voir son entrée dans la ville. »

Je le remerciai, et lui dis que cette nouvelle me réjouissait fort. Le jour dit, le personnage fit son entrée [59]. C'était un homme entre deux âges, de taille moyenne, bien fait de sa personne. Sa physionomie semblait exprimer comme une compassion pour l'humanité. Il était vêtu d'une toge de fin drap noir, pourvue de larges manches, et d'une cape. Dessous, il portait un vêtement long jusqu'aux pieds, fait de lin blanc comme sa ceinture et comme l'étole qu'il portait sur les épaules. Il avait des gants délicats, incrustés de pierreries, et des chaussures de velours couleur fleur de pêcher. Son cou était découvert jusqu'aux épaules. Il était coiffé d'un casque ressemblant à une *montera* espagnole, duquel s'échappaient en boucles gracieuses les cheveux, qu'il avait bruns [60]. Sa barbe était de forme arrondie, de la même couleur que ses cheveux, mais un peu plus claire. Il se déplaçait dans un splendide carrosse dépourvu de roues, semblable à une litière ; à l'avant et à l'arrière, deux chevaux magnifiquement caparaçonnés de velours bleu brodé. De chaque côté marchaient deux valets de pied qui portaient une livrée assortie. Le carrosse était entièrement fait de bois de cèdre, doré et orné de cristal, à cela près que l'avant comportait des panneaux de saphirs enchâssés dans des bandes d'or, et que l'arrière était, de la même façon, orné d'émeraudes de la couleur du Pérou [61]. Il y avait aussi, sur le dessus du carrosse, au centre, un soleil d'or qui rayonnait, et, à l'avant, un petit chérubin d'or aux ailes déployées. La litière était tendue d'un drap bleu tissé d'or. Devant le Père allaient cinquante serviteurs, tous des hommes jeunes, portant d'amples manteaux de satin blanc qui leur descendaient à mi-jambe, des bas de soie blanche, des chaussures de velours bleu et des chapeaux de velours également bleu, ornés de belles plumes multicolores enroulées autour de la coiffe comme un ruban. Immédiatement devant le carrosse marchaient deux hommes, tête nue, vêtus de lin jusqu'aux pieds, portant une ceinture et des chaussures de velours bleu. Ils avaient à la main, l'un une crosse, l'autre un bâton pastoral semblable à une houlette. Ni l'un ni l'autre n'étaient faits de métal : la crosse était en bois de baumier, le bâton pastoral en cèdre [62]. Il n'y avait personne à cheval, ni devant ni derrière le carrosse, apparemment pour éviter tout tumulte ou désordre. Derrière le carrosse venaient tous les officiers civils et les dignitaires des Confréries de la ville. Le Père était assis, seul, sur des coussins taillés dans une sorte de peluche bleue magnifique. Sous ses pieds, des tapis de soie de diverses couleurs, très ouvragés et ressemblant aux tapis de Perse, mais beaucoup plus beaux. Il tenait sa main nue levée, comme pour bénir le peuple, mais en silence. Un ordre admirable régnait dans la rue : jamais armée alignée pour la bataille ne fut mieux rangée que le peuple qui se trouvait là. Les gens massés aux fenêtres ne se bousculaient pas non plus, chacun se tenant comme si une place lui avait été assignée.

Quand le cortège se fut éloigné, le juif me dit :

« Je n'aurai pas le loisir de vous tenir compagnie comme je le voudrais, à cause d'un office que la Ville m'a confié et qui touche à l'accueil de ce haut personnage [63]. »

Trois jours plus tard, il revint me trouver, et me dit :

« Heureux hommes ! Le Père de la Maison de Salomon a eu connaissance de votre présence ici ; il m'a chargé de vous dire qu'il souhaite que vous lui soyez tous présentés, et qu'il aura, de plus, un entretien privé avec l'un d'entre vous, celui que vous aurez choisi. Il a fixé la date de cette rencontre à après-demain. D'autre part, comme il a l'intention de vous donner sa bénédiction, c'est dans la matinée que l'entrevue aura lieu. »

Nous nous présentâmes au jour et à l'heure prévus ; c'était moi que mes compagnons avaient choisi pour l'entretien particulier. Nous trouvâmes le Père dans une fort belle salle, agrémentée de tapisseries et de tapis fastueux. Il n'y avait pas de marches à gravir pour parvenir jusqu'à lui. Il était assis sur un trône assez bas richement orné. Au-dessus de sa tête, un dais de tissu somptueux, en satin bleu brodé. Il était seul, à cela près que deux pages d'honneur se tenaient de chaque côté de lui, vêtus de beaux habits blancs. Ses vêtements étaient semblables à ceux qu'il portait quand nous l'avions vu dans le carrosse ; mais il avait revêtu par-dessus, au lieu de sa toge, et retenue par un lien, une cape à collet, toujours de la même belle couleur noire. En entrant, nous le saluâmes d'abord très bas, comme on nous l'avait indiqué. Quand nous fûmes près du trône, il se leva, étendant sa main dégantée dans un geste de bénédiction. Chacun de nous s'inclina alors, et baisa l'ourlet de son manteau. Puis, les autres s'en allèrent, et je restai. Il fit signe alors aux pages de se retirer et, me faisant asseoir auprès de lui, m'adressa en espagnol les propos que voici :

« Dieu te bénisse, mon fils ; je vais te faire don du

joyau le plus précieux que je possède, puisque je vais te faire connaître, pour l'amour de Dieu et des hommes, la vérité sur la Maison de Salomon. J'observerai l'ordre suivant : premièrement, je te révélerai le but de notre Fondation. Deuxièmement, je te dirai quels dispositifs de préparation et quels instruments nous avons pour nos travaux. Troisièmement, quelles sont les diverses tâches et fonctions qui sont assignées aux membres de notre Société. Et, enfin, quels rites et quelles coutumes sont les nôtres.

« Notre Fondation a pour fin de connaître les causes, et le mouvement secret des choses ; et de reculer les bornes de l'Empire Humain en vue de réaliser toutes les choses possibles.

« Voici quels sont les dispositifs de préparation et les instruments. Nous avons de vastes grottes souterraines, de profondeurs différentes. Les plus profondes s'enfoncent à six cents brasses. Certaines sont creusées sous de grandes collines ou des montagnes, de sorte que si vous ajoutez la profondeur proprement dite de la grotte à la hauteur de la colline, elles comptent, du moins certaines d'entre elles, plus de trois *miles* de profondeur effective. Car nous trouvons que la profondeur d'une grotte et la hauteur d'une colline, l'une et l'autre calculées par rapport à la plaine, c'est la même chose. Dans les deux cas, la grotte est à l'abri du soleil, des rayons célestes et du grand air. Nous appelons ces grottes la Région Inférieure. Nous les utilisons pour coaguler, solidifier, réfrigérer et conserver des corps [64]. Nous les utilisons de même pour imiter les mines naturelles ; et pour produire de nouveaux métaux artificiels, au moyen de mélanges et substances que nous laissons reposer pendant de nombreuses années. Nous les utilisons aussi quelquefois (ce qui peut paraître étrange) pour soigner certaines maladies et pour prolonger la vie de quelques ermites qui ont choisi de vivre là, convenablement pourvus de tout ce qui est nécessaire. Ils vivent de fait très longtemps ; par eux, nous apprenons beaucoup de choses.

« Nous avons des fosses dans des sols de nature

différente. Nous y mettons diverses pâtes, comme font les Chinois pour leur porcelaine. Mais nous en avons une plus grande variété, et certaines sont plus fines. Nous avons aussi une grande variété de composts et de sols pour rendre la terre plus féconde.

« Nous avons de hautes tours, la plus élevée mesurant environ un demi-*mile*. Certaines sont situées sur de hautes montagnes, si bien que, en additionnant la hauteur de la colline et celle de la tour, on estime que la plus élevée d'entre elles fait au moins trois *miles* de haut. Ces endroits-là, nous les appelons la Région Supérieure, l'air situé entre les zones hautes et basses étant considéré comme la Région Moyenne. Nous utilisons ces tours en fonction de leurs hauteurs et de leurs situations respectives, pour l'insolation, la réfrigération ou la conservation ; et pour regarder divers météores [65] tels que les vents, la pluie, la neige, la grêle, ainsi que quelques-uns des météores enflammés. Au sommet de certaines de ces tours habitent des ermites, à qui nous rendons quelquefois visite pour les instruire de ce qu'ils doivent observer.

« Nous avons de grands lacs d'eau douce ou salée, que nous utilisons pour le poisson et le gibier d'eau. Nous les utilisons aussi pour immerger des corps naturels, car nous considérons qu'il y a une différence entre ce que l'on enfouit dans la terre, ce que l'on entrepose dans l'air souterrain des grottes et ce que l'on immerge dans l'eau. Nous avons aussi des bassins dont certains filtrent de l'eau salée pour obtenir de l'eau douce, et dont d'autres transforment, par art, l'eau douce en eau salée. Nous avons aussi des rochers au milieu de la mer, et quelques baies le long de la côte, que nous utilisons pour des opérations qui exigent à la fois l'air et la vapeur de la mer. Nous avons encore des torrents impétueux et des cascades qui nous servent pour animer de nombreux mouvements ; et des machines pour accroître la force des vents, en vue également de communiquer une impulsion à des mouvements divers.

« Nous avons aussi un grand nombre de fontaines et

de puits artificiels qui imitent les sources naturelles et les eaux thermales, et qui sont, comme elles, imprégnés de vitriol, de soufre, d'acier, de cuivre jaune, de plomb, de nitre et autres minéraux [66]. Nous avons encore des puits plus petits que nous utilisons pour laisser infuser des substances diverses qui communiquent aux eaux leur vertu particulière mieux et plus vite que dans des vases ou autres récipients. Parmi ces eaux, il y en a une que nous appelons l'Eau de Paradis, car le traitement que nous lui faisons subir la rend souverainement bénéfique pour la santé et la prolongation de la vie.

« Nous avons aussi des bâtiments vastes et spacieux, dans lesquels nous imitons et montrons des météores tels que la neige, la grêle, la pluie ; mais aussi certaines pluies artificielles de corps solides et non d'eau, le tonnerre, les éclairs, ainsi que la génération de corps dans l'air – par exemple de grenouilles, d'insectes, etc.

« Nous avons aussi des salles, que nous appelons des Salles de Santé, dont nous modifions l'air en le dotant de qualités particulières selon ce qui nous paraît bon et propre à guérir diverses maladies et à conserver la santé [67].

« Nous avons aussi des établissements agréables et spacieux où des bains dans diverses sortes de mixtures permettent de guérir certaines maladies et de rendre la santé au corps humain souffrant de dessèchement. D'autres bains nous permettent de le raffermir en ce qui concerne la force des tendons, des parties vitales, ainsi que la substance, la sève même, du corps.

« Nous avons aussi des vergers et des jardins étendus et diversifiés dans lesquels nous recherchons moins la beauté que la variété des terres et des sols tels que convenant à des plantes et des arbres différents ; certains de ces jardins sont très vastes, plantés d'arbres et de buissons dont les baies ou les fruits nous permettent de produire diverses sortes de boissons en plus de ce qui provient de nos vignobles. Nous y menons aussi toutes les expériences possibles concernant les différentes techniques de greffe sur des arbres fruitiers comme sur des espèces sauvages, ce qui donne beaucoup de résultats. Dans ces mêmes vergers et ces jardins nous parvenons, par notre art, à rendre plus précoces ou plus tardifs les arbres et les fleurs ; nous parvenons aussi à faire en sorte que les plantes croissent et portent des fruits plus vite qu'il ne leur est naturel [68]. A force d'art nous les rendons aussi beaucoup plus grandes qu'il n'est dans leur nature [69] ; leurs fruits sont plus gros et plus sucrés ; leur goût, leur parfum, leur couleur et leur forme sont différents de ce que l'on trouve à l'état naturel. Et parmi ces plantes, nombreuses sont celles que nous modifions de telle sorte qu'elles deviennent utiles d'un point de vue médicinal.

« Nous avons aussi l'art de faire pousser des plantes par simples mixtures de terres, sans y mettre de semence, et nous parvenons ainsi à produire de nouvelles plantes, différentes des variétés communes, ou à changer certaines espèces en d'autres.

« Nous avons aussi des parcs et des enclos avec toutes sortes de quadrupèdes et d'oiseaux qui ne sont pas là uniquement pour le plaisir des yeux ou à cause de leur rareté, mais aussi en vue de dissections et d'expériences, afin que nous puissions de cette façon augmenter nos lumières sur ce qui peut être pratiqué sur le corps humain. Ce par quoi nous trouvons de bien étranges effets ; par exemple, que ces corps d'animaux continuent à vivre, bien que certains organes considérés comme vitaux soient morts et aient été enlevés [70] ; ou que certains ressuscitent alors qu'ils semblaient morts, et bien d'autres choses encore. Nous essayons aussi sur eux tous les poisons et tous les remèdes, nous faisons l'essai des actes chirurgicaux aussi bien que médicaux [71]. Par art aussi, nous les rendons plus gros ou plus grands que les autres représentants de leur espèce, ou bien plus petits, en arrêtant leur croissance. Nous les rendons plus féconds qu'à l'ordinaire ou au contraire stériles. Nous modifions aussi en bien des façons leur couleur, leur forme et leur comportement. Nous trouvons des moyens de faire des croisements et des accouplements entre espèces différentes, ce qui a donné de nombreuses espèces nouvelles, et qui sont fécondes, contrairement à ce que croit l'opinion générale [72]. Nous avons créé à partir de matières putréfiées de nombreuses espèces de serpents, de vers, d'insectes et de poissons ; certaines d'entre elles se trouvent avancées au point qu'elles sont des créatures achevées comme les quadrupèdes et les oiseaux. Elles sont sexuées et se reproduisent. Ce n'est pas au gré du hasard que nous faisons cela, nous savons au contraire par avance quelle espèce naîtra de telle matière et de tel mélange.

« Nous avons aussi des bassins spéciaux où nous faisons sur des poissons des expériences analogues à celles que nous avons décrites concernant les quadrupèdes et les oiseaux [73].

« Nous avons aussi des endroits réservés à la reproduction et à l'élevage de ces espèces de vers et d'insectes qui sont d'un usage spécifique, comme vos vers à soie et vos abeilles.

« Je ne vais pas abuser de votre attention en vous entretenant de nos brasseries, nos boulangeries et nos cuisines, où l'on prépare des boissons, des pains et des viandes rares et qui produisent des effets particuliers. Nous avons des vins de nos raisins, et des boissons faites à partir d'autres jus de fruits, ou de grain ou de racines [74] ; à partir de certaines mixtures de miel, de sucre, de manne [75] ou de décoctions de fruits secs ; d'autres encore à partir de la sève qui sourd des arbres entaillés ou de la pulpe des cannes. On laisse ces boissons vieillir plus ou moins longtemps, quelques-unes ont jusqu'à quarante ans d'âge. Nous avons aussi des boissons à base de mélanges d'herbes aromatiques, d'épices et de racines, voire de chairs diverses et de viandes blanches : certains de ces breuvages font, de fait, office de viande et de boisson. Aussi y a-t-il des gens, surtout parmi les personnes âgées, qui ne veulent vivre que de cela, l'accompagnant ou non de très peu de viande et de pain. Avant tout, nous nous efforçons d'obtenir des boissons qui soient composées de parties extrêmement ténues, de sorte qu'elles pénètrent bien dans le corps, mais sans pour autant être mordantes, âpres ni corrosives. Certaines même qui, appliquées sur le revers de votre main, la traverseraient jusqu'à la paume en fort peu de temps, ont pourtant dans la bouche un goût agréable. Nous avons aussi des eaux que nous faisons mûrir, de manière à les rendre nutritives ; de fait, elles deviennent ainsi d'excellentes boissons ; et beaucoup de gens n'en veulent pas boire d'autres. Des pains, nous en fabriquons à partir de céréales, de racines et de graines diverses, certains même à base de viandes ou poissons séchés. Nous utilisons diverses sortes de levains et de condiments, de sorte que, si certains de ces pains sont ainsi fort propres à stimuler l'appétit, d'autres en revanche sont si nourrissants qu'ils constituent à eux seuls l'ordinaire de certains, qui ne mangent rien d'autre et qu'on voit vivre très longtemps. Quant aux viandes, il en est certaines que nous attendrissons, à force de les battre, et que nous mortifions si bien, sans pourtant les gâter en quelque façon, qu'elles se transforment, sous l'effet d'une chaleur même faible de l'estomac, en un chyle bienfaisant, comme seule une chaleur forte pourrait le faire pour des viandes préparées autrement. Nous avons aussi des viandes, des pains et des boissons qui permettent à ceux qui les absorbent de supporter ensuite un long jeûne [76] ; d'autres qui endurcissent et affermissent considérablement la chair même du corps humain, en augmentant de beaucoup ses forces.

« Nous avons des apothicaireries ou magasins de médicaments. Puisque nous possédons une diversité de plantes et d'êtres vivants bien supérieure à la vôtre en Europe (car nous savons bien ce que vous avez), vous en déduirez aisément que chez nous les simples, les substances médicinales et les ingrédients des remèdes doivent également l'emporter en variété sur les vôtres. Nous en avons auxquels on a laissé prendre plus ou moins d'âge et qui ont subi de longues fermentations. En ce qui concerne la manière de les préparer, nous avons certes toutes sortes de façons d'opérer des distillations extrêmement complexes et de séparer les corps, principalement en les faisant chauffer doucement et en les passant dans divers filtres et à travers des substances variées. Mais, surtout, nous savons les composer entre eux de façon très précise, si bien qu'ils s'unissent et font corps ensemble presque comme si c'étaient des simples de la nature.

« Nous avons aussi divers arts mécaniques inconnus chez vous et qui permettent de fabriquer des papiers, de la toile, des soies, des étoffes, de délicates pièces de plumes d'un lustre merveilleux, des teintures remarquables, et maintes autres choses. De la même façon nous avons des ateliers pour les objets qui ne sont pas devenus d'usage courant, aussi bien que pour ceux qui le sont devenus. Car il vous faut savoir que parmi les choses que j'ai énumérées précédemment, beaucoup sont en usage dans tout le royaume ; mais, si elles sont nées de notre invention, nous en gardons également des échantillons à titre de modèles et de souches.

« Nous avons aussi une grande variété de fourneaux, qui produisent de la chaleur sous des formes très variées : ardente et brève, forte et continue, douce et modérée, attisée par ventilation, tranquillement immobile, sèche, humide, et ainsi de suite. Mais nous avons surtout des sortes de chaleur imitant celles du soleil et des corps célestes, qui passent par divers degrés très inégaux et décrivent (pour ainsi dire) des révolutions, montent et reviennent, ce grâce à quoi nous produisons des effets étonnants. Par ailleurs, nous utilisons la chaleur de la bouse, de l'estomac et du ventre des animaux, de leur corps et de leur sang ; celle des foins et des herbes entassés à l'état humide ; celle de la chaux vive, et bien d'autres encore. Nous disposons aussi d'instruments qui produisent de la chaleur par leur seul mouvement. Nous avons en outre des emplacements où une exposition intense au soleil est possible, et des endroits spéciaux, sous terre, qui, soit par fait de nature, soit par œuvre de l'art, donnent de la chaleur. Nous utilisons ces différentes sources de chaleur selon ce que la nature de l'opération que nous menons demande.

« Nous avons aussi des maisons pour l'optique [77], où nous procédons à la présentation de toutes les lumières, de tous les rayons ainsi que de toutes les couleurs. Avec des objets incolores et transparents, nous sommes en mesure de produire pour vous toutes les couleurs, non pas en arc-en-ciel, comme cela se passe avec les gemmes ou les prismes, mais chacune séparément. Nous montrons aussi toutes les intensifications de la lumière, que nous faisons porter à grande distance, et que nous rendons assez vive pour pouvoir discerner les points et les lignes les plus infimes. Nous montrons également toutes les colorations de la lumière, toutes les illusions qui peuvent tromper la vue en ce qui concerne la figure, la grandeur, le mouvement et la couleur. Nous donnons également à voir toutes les ombres. Nous avons découvert aussi divers moyens, encore inconnus chez vous, de faire que certains corps produisent de la lumière comme autant de sources lumineuses. Nous avons même le moyen de voir des objets situés au loin, dans le ciel par exemple, ou dans des endroits éloignés, et de faire paraître les objets proches lointains, et les objets lointains proches : ainsi nous falsifions les distances. Nous avons aussi des instruments susceptibles de seconder la vue, bien supérieurs aux lunettes et aux verres d'usage courant. Nous avons aussi des verres qui nous permettent de voir des objets petits, minuscules même, de façon distincte et parfaite, comme par exemple la forme et la couleur de petits insectes ou de vers, ou encore les grains et les défauts d'une pierre précieuse, invisibles autrement. Nous avons des verres permettant de voir dans l'urine et le sang des choses que l'on ne pourrait voir autrement [78]. Nous produisons des arcs-en-ciel artificiels, des halos et des cercles autour de points lumineux. Nous présentons aussi toutes les sortes de réflexions, réfractions et intensifications des rayons de vision venant des objets.

« Nous possédons aussi des pierres précieuses de toutes sortes, nombre d'entre elles d'une grande beauté, et inconnues de vous, des cristaux aussi, et différentes sortes de verre, dont certaines sont composées de métal vitrifié ; et d'autres matériaux encore, sans compter ceux à partir desquels vous aussi vous fabriquez le verre. En outre, nous extrayons de la terre bon nombre de roches et de minéraux imparfaits que vous n'avez pas. Nous avons aussi des pierres d'aimant d'une force prodigieuse, et d'autres pierres rares, tant naturelles qu'artificielles.

« Nous avons aussi des maisons pour les sons ; là, nous essayons tous les sons, et mettons en évidence leur nature et leur mode de génération. Nous avons des gammes et des accords que vous ignorez, marchant par quart de ton, et des glissades entre des notes encore plus rapprochées. Pareillement, divers instruments de musique de vous inconnus, dont certains sont plus doux que tous ceux que vous avez. Des cloches et des clochettes aussi, délicates et douces. Nous savons produire des sons faibles de telle sorte qu'ils apparaissent comme graves et forts. De la même façon, les sons très forts, nous pouvons les faire apparaître comme faibles et aigus. Nous faisons des trémulations et des trilles à partir de sons qui dans leur premier jaillissement sont uns et entiers. Nous reproduisons et imitons tous les sons articulés et les lettres, ainsi que les cris et les chants des quadrupèdes et des oiseaux [79]. Nous avons certains instruments capables de seconder l'ouïe : posés sur l'oreille, ils augmentent grandement la capacité auditive. Nous avons encore, dus à notre art, divers échos surprenants, qui renvoient la voix plusieurs fois, et, en quelque sorte, la lancent en l'air. Certains répercutent la voix en l'amplifiant ; d'autres la rendent stridente, tandis que d'autres encore la renvoient plus grave. Il en est même qui répercutent les phrases en en ayant modifié certaines lettres ou certains sons articulés. Nous avons enfin des moyens pour transporter les sons dans des conduits et des tuyaux, y compris sur de longues distances et sur des trajets sinueux [80].

« Nous avons aussi des maisons pour les parfums où, conjointement à l'étude des parfums, nous faisons l'essai des saveurs. Si étrange que cela paraisse, nous pouvons intensifier une odeur. Nous imitons les odeurs, les faisant s'exhaler de mixtures différentes de celles qui d'ordinaire les produisent. De la même façon, nous faisons diverses imitations de saveurs, telles que n'importe quel palais s'y laisserait tromper. Au même endroit, nous avons aussi un bâtiment réservé aux conserves où nous fabriquons toutes sortes de confitures tant humides que sèches, ainsi que divers vins fort agréables, des laitages, des bouillons et des salaisons, le tout offrant une bien plus grande variété que ce que l'on trouve chez vous.

« Nous avons aussi des ateliers de mécanique où nous apprêtons des machines et des instruments produisant toutes sortes de mouvements. Là, nous imitons [81] et faisons des expériences, afin d'élaborer des mouvements plus rapides que n'importe lequel des vôtres, qu'il provienne de vos mousquets ou de quelque autre machine ; afin aussi de produire ces mouvements plus aisément, et de les intensifier, sans avoir besoin d'une force particulièrement grande, ce en ayant recours à des roues et autres procédés ; afin encore de les rendre plus puissants et plus violents que les vôtres, plus même que vos plus grands canons et vos mortiers. On trouve aussi chez nous des pièces d'artillerie, des machines de guerre et des engins de toute sorte, ainsi que de nouveaux mélanges ou compositions pour la poudre à canon. Nous avons également des feux grégeois, inextinguibles et capables de brûler même dans l'eau, des feux d'artifice d'une grande diversité que nous utilisons aussi bien pour le plaisir qu'à des fins pratiques. Nous imitons aussi le vol des oiseaux et pouvons, dans une certaine mesure, voler dans les airs. Nous avons des navires et des bateaux pour aller sous l'eau et capables d'étaler les tempêtes du large ; ainsi que des bouées et des ceintures de sauvetage. Nous possédons diverses horloges de précision et d'autres mouvements du même genre [82]. Nous avons même quelques mouvements perpétuels. Nous imitons aussi les mouvements des êtres vivants, en animant des sortes de répliques d'hommes, de quadrupèdes, d'oiseaux, de poissons et de serpents. Nous avons également un grand nombre d'autres mouvements divers, remarquables par leur régularité, leur précision et leur subtilité.

« Nous possédons aussi une maison de mathématiques où l'on trouve tous les instruments possibles, aussi bien de géométrie que d'astronomie, exécutés avec une précision parfaite [83].

« Nous avons également des maisons consacrées aux erreurs des sens ; là, nous produisons de prodigieux tours de passe-passe, de trompeuses apparitions de fantômes, des impostures et des illusions, et nous en montrons le caractère fallacieux. Vous n'aurez certainement pas de peine à croire que nous, qui possédons tant de choses merveilleuses qui sont pourtant tout à fait naturelles, nous serions capables, dans un grand nombre de circonstances, de tromper les sens, si seulement nous voulions maquiller lesdites choses en travaillant à les faire paraître plus miraculeuses qu'elles ne sont. Mais nous détestons toute tromperie et tout mensonge, à un point tel que nous avons sévèrement interdit à tous nos confrères, sous peine de déshonneur et d'amendes, de présenter, enjolivé ou rendu plus imposant qu'il n'est, quelque phénomène naturel que ce soit. Ils doivent au contraire présenter les choses telles quelles, sans adultération, sans leur prêter en rien une allure usurpée de prodige.

« Telles sont, mon fils, les richesses de la Maison de Salomon.

« Voyons maintenant quels sont les divers emplois et charges des membres de notre Société [84]. Nous avons douze collègues qui voyagent à l'étranger et qui nous rapportent des livres, des échantillons et des exemples d'expériences de toutes les régions du monde, ceci en se faisant passer pour des gens d'autres nationalités, puisque nous cachons la nôtre. Nous les appelons les Marchands de Lumière [85].

« Nous en avons trois qui rassemblent les expériences qu'on peut trouver dans tous les livres. Nous les appelons les Pilleurs.

« Nous en avons trois qui rassemblent toutes les expériences touchant aux arts mécaniques, aux sciences libérales et aux procédés qui ne sont pas constitués en arts. Nous les appelons les Artisans [86].

« Nous en avons trois qui essaient de nouvelles expériences, selon ce qu'ils jugent bon eux-mêmes. Nous les appelons les Mineurs.

« Nous en avons trois qui arrangent dans des rubriques et des tables les expériences des quatre premiers groupes, afin de mieux nous éclairer sur la façon de tirer de tout cela des remarques et des axiomes [87]. Nous les appelons les Compilateurs.

« Nous en avons trois qui s'appliquent à examiner les expériences des autres, et cherchent la façon d'en retirer des choses utiles et applicables à la conduite de la vie ; d'en tirer des connaissances susceptibles de servir dans des travaux et diverses opérations, mais aussi dans la mise en évidence des causes ; d'en tirer encore des procédés de prédiction naturelle et des moyens clairs et faciles pour découvrir quelles sont les propriétés et les parties cachées des corps [88]. Nous les appelons les Donateurs ou Bienfaiteurs [89].

« Puis, après que notre Société en son entier s'est consultée dans diverses réunions consacrées à l'examen des travaux précédents et des collections d'expériences qu'ils ont permis de rassembler, trois membres de cette Société sont chargés de proposer de nouvelles expériences, qui, étant éclairantes à un niveau plus élevé, permettent d'entrer plus avant dans les secrets de la Nature. Nous les appelons les Flambeaux.

« Nous en avons trois autres qui exécutent les expériences commandées par les précédents, puis qui en font un compte rendu. Nous les appelons les Greffeurs [90].

« Enfin, nous en avons trois qui portent plus haut les découvertes que les expériences précédentes ont permis de faire en les transformant en remarques, axiomes et aphorismes d'un niveau plus élevé. Ceux-là, nous les appelons les Interprètes de la Nature.

« Nous avons aussi, vous imaginez bien, des novices et des apprentis, afin que le remplacement des hommes qui se consacrent à ces recherches soit toujours assuré ; sans parler d'un grand nombre de serviteurs et de domestiques, hommes et femmes. Et nous faisons aussi ceci : nous tenons des consultations pour décider quelles sont, parmi les inventions et les expériences que nous avons faites, celles qui seront rendues publiques et celles qui ne le seront pas ; et nous sommes tous astreints à un serment par lequel nous jurons le silence, de sorte que les choses qui doivent, à notre avis, être tenues secrètes restent bien celées – bien qu'il nous arrive parfois de révéler à l'Etat certaines de celles-ci, mais non toutes.

« Voici maintenant quels sont nos rites et nos cérémonies : nous avons deux galeries, très longues et très belles. Dans l'une, nous exposons toutes sortes de modèles et d'échantillons, des inventions particulièrement rares et de grande importance. Dans l'autre, nous exposons les statues des plus insignes inventeurs. Là, on voit la statue de votre Christophe Colomb, qui découvrit les Indes Occidentales ; celle de l'homme qui inventa les bateaux ; celle de ce moine de chez vous qui inventa la poudre à canon et l'artillerie ; celle de l'inventeur de la musique [91], l'inventeur de l'écriture, celui de l'imprimerie, celui auquel nous devons les relevés en astronomie, l'inventeur du travail des métaux, du verre, de l'exploitation du ver à soie, du vin, du blé et du pain, l'inventeur des sucres, notre connaissance de tous ces inventeurs s'appuyant d'ailleurs sur une tradition plus sûre que la vôtre. On y voit ensuite des statues de divers de nos compatriotes, auteurs d'inventions excellentes ; mais, puisque vous ne les avez pas vues, il serait trop long de vous les décrire, et de plus vous risqueriez fort de vous en faire une idée erronée en vous efforçant d'entendre ces descriptions. Ainsi donc, pour chaque invention présentant quelque valeur, nous érigeons une statue à l'inventeur, et nous le comblons d'honneurs et de largesses [92]. Certaines de ces statues sont faites de bronze, d'autres de marbre et de jaspe, d'autres encore de cèdre ou d'autres bois précieux, rehaussés d'or et d'ornements divers, d'autres enfin de fer, d'argent ou d'or.

« Nous avons certains hymnes et offices religieux par lesquels quotidiennement nous louons Dieu et lui rendons grâces pour ses œuvres admirables, et nous avons aussi des textes de prières destinées à implorer son secours et sa bénédiction, afin qu'il répande la lumière sur nos travaux et fasse que nous les employions toujours à des fins bonnes et saintes.

« Enfin, nous faisons des tournées dans les principales villes du royaume. Au cours de ces visites, quand l'occasion s'en présente, et quand nous le jugeons bon, nous rendons publique telle ou telle nouvelle invention utile. Nous leur annonçons aussi, par des procédés de prédiction naturelle, les maladies, épidémies, invasions d'animaux nuisibles, disettes, tempêtes, tremblements de terre, vastes inondations, comètes, ainsi que les températures de l'année et diverses autres choses. Après quoi, nous conseillons les habitants sur les mesures à prendre pour prévenir ces événements ou y remédier. »

Quand il eut dit cela, il se leva. Moi, comme on me l'avait prescrit, je m'agenouillai. Il posa sa main droite sur ma tête et dit :

« Que Dieu te bénisse, mon fils, et qu'il bénisse le récit que je viens de faire. Je t'accorde la permission de le faire connaître pour le plus grand bien des autres nations : nous, ici, nous sommes dans le sein de Dieu, une terre inconnue du reste du monde. »

Là-dessus, il me quitta, non sans m'avoir octroyé, en cadeau, pour mes compagnons et moi, une somme d'environ deux mille ducats. Ils prodiguent ainsi, chaque fois qu'ils en ont l'occasion, de grandes largesses.

[La suite n'a pas été composée.] [93]

MAGNALIA NATURAE, PRAECIPUE QUOAD USUS HUMANOS
[Merveilles naturelles, surtout celles qui sont destinées à l'usage humain] [94]

Prolonger la vie.
Rendre, à quelque degré, la jeunesse.
Retarder le vieillissement.
Guérir des maladies réputées incurables.
Amoindrir la douleur.
Des purges plus aisées et moins répugnantes.
Augmenter la force et l'activité.
Augmenter la capacité à supporter la torture ou la douleur.
Transformer le tempérament, l'embonpoint et la maigreur.
Transformer la stature.
Transformer les traits.
Augmenter et élever le cérébral.
Métamorphose d'un corps dans un autre.
Fabriquer de nouvelles espèces.
Transplanter une espèce dans une autre.
Instruments de destruction, comme ceux de la guerre et le poison.
Rendre les esprits joyeux, et les mettre dans une bonne disposition.
Puissance de l'imagination sur le corps, ou sur le corps d'un autre.

Accélérer le temps en ce qui concerne les maturations.
Accélérer le temps en ce qui concerne les clarifications.
Accélérer la putréfaction.
Accélérer la décoction.
Accélérer la germination.
Fabriquer pour la terre des composts riches.
Forces de l'atmosphère et naissance des tempêtes.
Transformation radicale, comme ce qui se passe dans la solidification, le ramollissement, etc.
Transformer des substances acides et aqueuses en substances grasses et onctueuses.
Produire des aliments nouveaux à partir de substances qui ne sont pas actuellement utilisées.
Fabriquer de nouveaux fils pour l'habillement ; et de nouveaux matériaux, à l'instar du papier, du verre, etc.
Prédictions naturelles.
Illusions des sens.
De plus grands plaisirs pour les sens.
Minéraux artificiels et ciments.

NOTES

1. Le verbe *interpretor*, en latin classique, veut dire notamment : expliquer, éclaircir, démêler. Chez Bacon, le registre de l'interprétation a toujours une valeur active ; la connaissance inductive est bien ce qui démêle les choses, l'univers se présentant comme un labyrinthe. L'expression d'interprétation de la nature est évidemment construite par analogie avec l'interprétation des Ecritures : il y a deux livres, les Ecritures et la Nature ; le premier n'est pas difficile à comprendre, car, livre de la volonté de Dieu, il l'expose assez clairement, et, si la théologie peut être rangée parmi les sciences populaires, c'est qu'« il a plu à Dieu de se mettre à la portée des plus simples » (*Du progrès*, Sp. t. III, p. 388, tr. fr. p. 165) ; en revanche, le second, œuvre de la puissance de Dieu, suppose qu'on se livre à une véritable traque de ses lois, « comme si la nature divine se plaisait à ce jeu innocent des enfants qui se cachent afin qu'on ne les trouve qu'après les avoir longtemps cherchés » (*Instauratio Magna*, préface, Sp. t. I, p. 132). L'expression d'interprétation de la nature apparaît en latin dès *Du progrès* (Sp. t. III, p. 389, tr. fr. p. 167) et en anglais dans le sous-titre du *Valerius Terminus*. Elle réapparaît dans le sous-titre du *Novum Organum* (*sive Indicia Vera de Interpretatione Naturae*).

2. C'est-à-dire la *Sylva Sylvarum*, « forêt des forêts ».

3. Psaumes, 107, 24.

4. Les voyageurs font preuve d'espérance, une vertu essentielle dans la philosophie baconienne de l'entreprise scientifique (voir Michèle Le Dœuff, « L'espérance dans la science », in *Francis Bacon : science et méthode*). Cette scène renvoie aussi à une remarque de *Du progrès* : « Ce sont de piètres découvreurs, ceux qui pensent qu'il n'y a point de terre là où ils ne voient que de la mer » (Sp. t. III, p. 355 ; tr. fr. p. 123).

5. Le texte anglais dit : « à la distance d'un *kenning* ». Le *kenning* est la portée maximum du regard, ce qui a donné une mesure marine équivalant à peu près à vingt *miles*.

6. Si le chérubin pouvait désigner à l'époque un gentil enfant en bas âge (voir *La Tempête*, I, 2), c'était aussi un emblème des tracts

rosicruciens (voir, *supra*, introduction, note 40) ; le frontispice de l'édition originale du volume comprenant la *Sylva* et *La Nouvelle Atlantide* insiste sur ce thème, car deux chérubins (des *putti*) ornent le haut de la page. On notera que, sur le sceau de l'autorité politique ou civile, les ailes sont pendantes, alors que, sur le carrosse du Père de la Maison de Salomon, il y a « un petit chérubin d'or aux ailes déployées » : la préséance de l'autorité scientifique sur l'autorité civile se marque dans la symbolique.

7. Dans un ouvrage de médecine des familles, publié en 1584 et souvent réédité, on trouve ces conseils destinés à éviter de contracter la peste : « Vous vous mettrez dans la bouche un clou de girofle ou deux, ou un peu de cannelle, ou un morceau de valériane [...] ou encore, et c'est le mieux, un morceau de racine d'angélique ou d'aunée, *et vous tiendrez dans la main une orange* ou un bouquet de cerfeuil ou de menthe ou de mélisse. » Thomas Cogan, « *A Short Treatise of the Plague* » in *The Heaven of Health*, rééd. 1605, p. 267. Il est tout à fait conforme à l'esprit de la réforme baconienne des sciences de ne pas exclure par principe la médecine populaire, car des remèdes efficaces ont pu être découverts grâce à l'expérience accumulée par celle-ci. Ceci ne signifie pas que Bacon pensait que le mode précis de prévention de la peste indiqué ici était bel et bien efficace : des lecteurs contemporains pouvaient prendre cette notation comme une déclaration de principe, incitant à ne pas mépriser l'acquis de la médecine empirique et populaire.

8. Bacon emploie couramment le terme de « *state* » (l'Etat), ce qui était plus original à l'époque qu'il y paraît, les termes de « royaume » ou de « communauté politique » (*commonwealth*), voire de « gouvernement » étant largement usités. Le choix du terme de « *state* » par notre auteur me paraît renvoyer à des idées assez précises : parler d'« Etat » quand il aurait pu parler de royaume, c'est indiquer que, de son point de vue, la forme particulière d'exercice du pouvoir politique (royauté, république, aristocratie...) est une chose relativement indifférente ; quel que soit le régime, il y a toujours un Etat. D'autre part, selon l'Oxford English Dictionary, « *state* », à l'époque, renvoie aussi à l'idée d'un peuple occupant un territoire donné et organisé selon un système de souveraineté ; l'OED cite une phrase des *Essays* louant les Romains de la manière suivante : « Jamais un Etat n'a été aussi ouvert à l'accueil d'étrangers en son corps (*body*) que les Romains. » L'exemple est éclairant : au fond, la meilleure traduction que l'on puisse donner du terme de *State* chez Bacon, ce serait *Senatus Populusque*..., le terme ayant précisément pour pertinence d'évoquer ensemble les gens qui peuplent un pays et la structure légale et gouvernementale, ce que *La Nouvelle Atlantide* illustre assez nettement. Bensalem a bien un roi, mais l'Etat n'est sûrement pas sa propriété personnelle. Il semble au reste n'avoir d'autre fonction que de conférer des honneurs aux pères de familles nombreuses, le travail politique sérieux ayant été accompli longtemps auparavant, dans une sorte de passé mythique, par des législateurs. De façon oblique ou implicite, Bacon avance ici la thèse d'un effacement de l'exécutif au profit d'une législation réputée sage et de diverses autorités locales ou spécialisées, comme le Gardien de la Santé. Tout compte fait, les Républicains anglais

qui ont revendiqué l'auteur comme l'un des leurs ne se sont pas nécessairement trompés.

9. En 1621, Bacon, convaincu d'avoir accepté trop d'« épices » dans le cadre de ses fonctions, a été destitué. Il semble ici répondre politiquement à ses accusateurs et indiquer que la probité n'est pas un problème moral, mais une question administrative : vous aurez des fonctionnaires probes le jour où vous les paierez correctement. Sur son exemplaire de la réédition de 1635, conservé à la Bodleian Library, Christopher Wren note : « Ah ! si tous les gens chargés des affaires publiques avaient cette droiture, se contentant de leur salaire et détestant la corruption ! »

10. Voir *supra*, introduction, p. 55.

11. Les briques qui ont cuit tout près du feu tendent à prendre une couleur bleu ardoise. De même que le parchemin est « plus jaune » et le poil de chèvre « plus chatoyant », et que, globalement, tout à Bensalem est *non in aliud*, mais *in melius*, « non autrement, mais mieux » qu'en Europe, de même ces briques sont « plus bleues », et portent davantage la marque du feu.

12. Il y a un système des couleurs dans *La Nouvelle Atlantide*. Bacon distribue libéralement du jaune, du bleu, du vert éclatants et confère la pourpre seulement au Tirsan, à condition que « le sexe masculin l'emporte en nombre dans la famille » ; le noir et blanc (souvenir sans doute de costume monacal) revient au Père de la Maison de Salomon (sauf pour les chaussures), et il y a de la dorure ou des fils d'argent un peu partout... Que la couleur la plus terne (gris blanchâtre) soit attribuée aux pilules qui hâtent la guérison des voyageurs fait partie de ce système littéraire des teintes : c'est le sérieux gris, par opposition au festival coloriste de la société de Bensalem, et le gris chimique par contraste avec l'orange écarlate de la phrase précédente. Mais, si l'on veut rêver davantage, on peut toujours supposer que ces « *grey pills* » sont à entendre comme *Grey's pills*, par allusion au remède inventé par Elizabeth Grey, née Talbot, petite-fille de la fameuse Bess de Hardwick et nièce des Cavendish, qui devint comtesse de Kent en 1623. Bacon a très vraisemblablement connu cette dame. Je n'ai pas pu dater précisément l'invention de son remède, qui va rester populaire jusqu'au début du XXe siècle sous le nom de *Kent's Powder* ou de *Gray's Powder* ; une description en est donnée dans un volume de notes d'Elizabeth Grey, publié après sa mort (*A Choice Manual of rare and select secrets in physicks and chyrurgery, collected and practiced by the countess of Kent late deceased*, Londres 1653, p. 102). Le texte lui donne le nom de « *the countess of Kent's Powder* », indique ingrédients, mode de préparation, et présentation de cette poudre (en petits blocs ou enrobée de *jelly*) ; le remède était supposé être bon contre plusieurs maladies infectieuses (vérole, variole, peste, fièvres malignes), mais aussi contre la mélancolie et l'abattement moral : n'en prescrirait-on pas sans hésiter à des marins mal en point ?

13. « Connaissons-nous nous-mêmes » : l'allusion à la fameuse devise socratique « Connais-toi toi-même » est évidente, mais la transposition au pluriel est pertinente : de même que, pour Bacon, la connaissance scientifique est une œuvre collective, de même dans une large mesure la sagesse.

14. Mot à mot : un bassin divin de guérison. Wren note « comme le bassin de Bethesda », et l'allusion à l'épisode du bassin de Bethesda, près de Jérusalem (Jean, 5, 4), devait en effet être transparente pour un lecteur de l'époque. On doit donner à cette référence un sens très fort. L'Evangéliste décrit la piscine de Bethesda comme miraculeuse seulement pour la personne qui y entrait la première après qu'un ange en ait agité l'eau, d'où une redoutable concurrence entre eux des infirmes et des malades. Un malheureux restait toujours sur le bord. Le Christ lui dit : « Lève-toi et marche », et, en guérissant ainsi l'infirme, se substitue à l'eau miraculeuse. Ici, c'est la médecine humaine qui, à son tour, se substitue à l'eau de Bethesda. Dans le *Commentarius* (Sp. t. XI, p. 65), Bacon note : « Considérer quelles opinions sont propres à nourrir le projet, et ainsi greffer le neuf sur le vieux, comme les religions ont coutume de faire. » L'Evangile de Jean corrobore l'idée qu'une religion peut en effet greffer un élément neuf, en l'occurrence l'intervention christique, sur un motif plus ancien. Bacon, à son tour, recycle le motif scripturaire, appliquant, comme souvent, son principe d'enter ses idées neuves sur des schèmes anciens. Mais il convient d'ajouter que la *Sylva Sylvarum* envisage l'hypothèse selon laquelle un bon moral pourrait contribuer à une guérison, si bien qu'il ne serait pas mauvais de jouer avec la crédulité des patients et de leur entourage (voir Michèle Le Dœuff, « Un rationaliste chez Augias : la théorie de l'imagination dans la *Sylva Sylvarum* », in *Les Etudes philosophiques*, Paris, 1985).

15. La croix rouge est, en Angleterre, l'insigne fort connu de l'Ordre de Saint-Georges et de l'Ordre de la Jarretière : il faut comprendre cette notation du texte d'abord comme indiquant une distinction ou un caractère noble de l'Intendant, et ensuite comme un clin d'œil aux Rose-Croix. C'est loin d'être contradictoire : si, comme l'a soutenu Frances Yates, l'idée rosicrucienne est liée aux noces de la princesse Elisabeth et de Frédéric, si bien que le nom de cette idée dériverait de l'emblème anglais (Frédéric ayant reçu l'Ordre de la Jarretière), Bacon ici ne fait que rapatrier en langue anglaise un signifiant qui avait essaimé en Allemagne.

16. « Si je t'oublie, Jérusalem [...] que ma langue s'attache à mon palais », Psaumes, 137, 5-6. En 1624, Bacon a traduit en vers anglais certains psaumes, dont ce superbe Psaume 137 (voir Sp. t. VII, p. 284-285). Le mètre de sa traduction l'oblige évidemment à paraphraser plus qu'à traduire littéralement. La rédaction de *La Nouvelle Atlantide* est vraisemblablement antérieure à cette adaptation, qui dit : « que ma voix et mes mots ne trouvent plus de passage », et il est clair que, dans *La Nouvelle Atlantide*, il reste aussi proche que possible de la King James. Mais un point mérite d'être souligné : le texte hébreu des Psaumes dit exactement : « Si je t'oublie, Jérusalem, que ma main droite oublie de me rendre service, que ma langue se colle à mon palais... ». On remarquera que le segment de phrase sur la main droite (qu'elle « oublie son habileté » dans la King James et dans l'adaptation de Bacon) est omis dans notre passage de *La Nouvelle Atlantide*. Or l'idée que l'habileté, la dextérité ou les savoir-faire méritent de disparaître s'ils ne sont pas subordonnés à une fidélité à Jérusalem ou à une morale, et au fond

que « science sans conscience éthique n'est que ruine de l'humanité », est une des thèses sous-jacentes de *La Nouvelle Atlantide.* La vieille Atlantide n'a-t-elle pas disparu parce qu'elle n'avait pas subordonné son excellence technique à un vrai sens de l'humanité ? Je crois que cette omission baconienne, loin d'indiquer un désaccord avec le Psaume, résulte d'un déplacement : les Bensalémiens pratiquent la maxime omise, le texte entier est construit sur ce segment de phrase non cité ; de plus, ce n'était pas aux voyageurs venus d'Europe, eux qui n'ont pas encore la grande habileté technico-scientifique, qu'il revenait d'énoncer cette norme.

17. L'analogie avec Jérusalem est évidente. Deux traductions du nom sont possibles : « fils de la paix » ou « fils parfait ». Salem, comme nom de ville, apparaît dans la Genèse (14, 18) : le roi de Salem donne du pain, du vin et une bénédiction à Abraham. L'idée de réactualiser ce nom (qui est peut-être une autre forme de Jérusalem) était manifestement dans l'air. A la Renaissance, des émigrés juifs et catalans ont fondé à Majorque une ville nommée Benisalem ; l'île de la *Christianopolis* d'Andreae se nomme Capharsalama ; en 1626, l'année où meurt Bacon, Roger Conant fonde Salem, dans le Massachusetts, site de la première Eglise congrégationiste et, plus tard, d'une chasse aux sorcières de sinistre mémoire ; d'autres bourgades américaines porteront bientôt le même nom. Le nom du site baconien semble donc déterminé par une vogue qu'il n'invente pas mais qu'il reprend à son tour, vogue peut-être liée à une revalorisation de la figure d'Abraham chez les Séparatistes comme chez les Bensalémiens (Joabin dit qu'ils descendent de ce Patriarche) ou liée, pour Bacon, à l'assonance entre Salem et Salomon. Mais *Salem*, en Angleterre, pouvait éventuellement rappeler autre chose, à savoir une pomme de discorde franco-anglaise plus connue sous le nom de « loi salique ». En effet, depuis le XIVe siècle, les Anglais assurent que cette « loi » (qui stipulerait que « *in terram salicam mulieres non succedant* », que les femmes sont exclues de la succession de « la terre salique ») s'applique seulement au canton de Sale, ou à une vieille ville du Rhin nommée Salem, ou à une région d'Allemagne entre l'Elbe et la rivière Sala [Saale] – *en tout cas pas à la France* : car, si elle ne vaut que pour cette « terre salique », alors la prétention des souverains anglais à la couronne de France est légitime, Edouard III d'Angleterre étant petit-fils de Philippe IV de France par sa mère. On comprend qu'en Angleterre personne ne se lasse de situer cette « terre salique » n'importe où, sauf en France. Au temps de Bacon, la question n'a pas perdu tout son relief : Jacques Ier puis son fils portent le titre de roi de Grande-Bretagne et de France. En 1600, Shakespeare (*Henry V*, I, 2) a donné un exposé magistral de ce point juridico-géographique : il est « clair comme le jour en été » que Henry V, héros de la pièce, est roi de France. Sir Henry Wotton revient sur le sujet : c'est une loi locale, applicable à la seule ville de Salem, et qui n'a jamais valu pour la France, ce que déjà un duc de Bourgogne a crié haut et fort, quand Philippe dit Le Long a été créé roi de France alors que le royaume aurait dû revenir alors à Jeanne, fille de Louis Le Hutin... Dans ses *Apophtegmes*, Bacon suit Hall, un auteur du milieu du XVIe siècle, et dit que la loi salique est tout simplement « une fiction » (Sp. t. VII, p. 151). Hall

disait une fiction inventée pour priver les Anglais de leurs justes droits sur la France. Nommer un site imaginaire de telle sorte qu'il fasse allusion au nom de la terre à laquelle est attachée une loi fictive (qui a fait tant de tort et de peine aux souverains anglais !) est un joli tour littéraire. Mais les vues baconiennes sur la communauté scientifique sont, tout compte fait, assez saliques pour que l'ironie se transmue en son contraire, et pour que Bacon proclame à son tour une loi salique (aussi fictive que la précédente) dans le royaume des sciences !

18. Matthieu 6, 33 et Luc, 12, 31.

19. «... *a great pillar of light, not sharp, but in form of a column or cylinder* », dit l'original, ce qui représente une curieuse insistance : « *pillar* » aurait suffi à indiquer la forme et à rappeler la colonne qui guide les Hébreux dans le désert (Exode 13, 21) ; le texte latin semble élucider la raison de cette redondance, en notant : « non pas en forme de pyramide, mais... ». Il faut comprendre cette insistance à deux niveaux. Que la lumière soit un pilier et non un cône permet sûrement au Sage de la Maison de Salomon de distinguer ce spectacle d'un phénomène naturel ou d'un ouvrage d'art. Mais, plus encore, il faut se souvenir de ce que la pyramide est une des métaphores utilisées par Bacon pour décrire la Nature et la structure des sciences de la Nature, qui se resserrent à mesure qu'on montre dans la connaissance de principes de plus en plus généraux (voir *Du progrès*, Sp. t. III, p. 356 ; tr. fr. p. 125 ; et *De Augmentis*, Livre II, chap. XII, Sp. t. I, p. 525 : « *Omnis rerum natura instar pyramidis acuta est* »). On doit donc comprendre que Bacon, dans cette phrase, souligne fortement que la Révélation n'est pas isomorphe à la Nature, ni à la connaissance progressive de celle-ci : elle est donnée, pleine et entière, d'un coup, et puisque la base est identique au sommet, cela implique que la terre reçoit strictement ce que le ciel projette.

20. Genèse, 6, 14 *sq.*

21. La colombe de Noé (Genèse, 8, 11) rapporte une feuille d'olivier. Mais la foule se porte à la rencontre du Christ avec des rameaux de palmiers (Jean 12, 13).

22. Pour le don des langues, voir Actes des Apôtres, 2, 6. On remarquera que Bacon déplace considérablement le modèle de la Pentecôte, puisqu'il s'agit ici non de communication orale, mais de lecture de deux textes, « comme s'ils avaient été *écrits* dans » chacune des langues de Bensalem. Voir, dans *Du progrès*, Sp. t. III, p. 399, tr. fr. p. 180, le passage sur les Caractères réels des Chinois : « Même si des pays ou des régions ont les uns pour les autres des langues inintelligibles, ils peuvent cependant lire chacun les écrits des autres. »

23. La tradition a laissé peu d'information sur cet apôtre, ce qui permet évidemment à Bacon d'utiliser le personnage comme il veut. Mais ce choix a un sens : l'île de la tolérance a été évangélisée par un apôtre dont la fête avait été ensanglantée un demi-siècle auparavant par le massacre des protestants en France. Bacon est arrivé à Paris quelques années après la Saint-Barthélemy ; il évoque cette horreur dans les *Essays*, en la qualifiant de péché contre le Saint-Esprit. De plus, si l'on en juge par ses *Apophtegmes*, évoquer le nom

de saint Barthélemy, c'est précisément rappeler ce massacre, puisqu'il rapporte la réponse d'un protestant à Catherine de Médicis : « Non, par saint Barthélemy, non, Madame ! » (Sp. t. VII, p. 136).

24. Le texte dit « *all nations have inter-knowledge one of another* » : il fallait bien traduire le pléonasme.

25. Wren écrit en marge : « Pas étonnant, si [Bensalem] est une Utopia : dérivant, non tant de Eu que de U » [c'est-à-dire « lieu de nulle part » plutôt que « lieu heureux »].

26. Le pays de magiciens qui envoient des Esprits de l'Air : là encore, Bacon reprend aux rosicruciens un élément littéraire d'origine anglaise : l'allusion à l'Ariel de *La Tempête* est claire.

27. Wren ajoute : « de petits bateaux, voir... » mais n'achève pas la note. Sans doute avait-il identifié la source que suit Bacon ici.

28. Le texte dit « *yet further west* » et la traduction latine « *quamvis* » : il y a comme un « pourtant plus à l'ouest » dans cette phrase, qui s'explique sans doute par le fait que, plus on va vers l'ouest de la Méditerranée, plus on se trouve à proximité des colonnes d'Hercule (le détroit de Gibraltar), supposées marquer le point au-delà duquel on ne peut pas naviguer ; or les colonnes d'Hercule, comme bornes infranchissables, sont une métaphore baconienne importante : Bacon conteste qu'il y ait des bornes de ce genre dans le domaine du savoir, et il oppose à cette idée un *plus ultra*, « plus loin ». En outre, le texte *yet further west* considère Tyr comme une ville « à l'ouest » ; comme il est question quelques lignes plus haut du Déluge, il faut comprendre que Bacon considère le mont Ararat comme le centre du monde, par rapport auquel un « ouest » et un « est » peuvent être définis.

29. Antiquité obligeant, la géographie de ce passage doit sans doute beaucoup à Pline ou à d'autres auteurs latins. La Palestine, dans ce cas, va jusqu'au bord de l'Euphrate (d'où la possibilité d'aller vers l'Orient par le golfe persique).

30. C'est déjà ce que dit le prêtre égyptien à Solon, à propos de l'Atlantide : vous autres Grecs n'avez conservé de votre passé historique qu'un souvenir peu différent d'un conte pour enfants, tandis que, nous, nous conservons toutes les traditions depuis l'Antiquité la plus haute. Voir Platon, *Timée*, 21b-23d. La remarque du prêtre égyptien figure parmi les apophtegmes que Bacon dicte au cours d'une convalescence (et qui sont publiés en décembre 1624) (Sp. t. VII, p. 156-157).

31. Le premier traducteur français de *La Nouvelle Atlantide* avait déjà corrigé en « Camballu », le nom par lequel Marco Polo désigne Pékin.

32. Il s'agit de Platon. Dans tout ce passage, Bacon emprunte des éléments au *Timée* et au *Critias* (115 *sq.*) ; il se souvient sans doute aussi de « la rocailleuse montée » vers le Vrai de *La République* (VII, 515 *sq.*) ; un peu plus loin, c'est un passage des *Lois* qui est mis à contribution.

33. La Genèse (28, 12) dit que Jacob a rêvé d'une échelle allant de la terre au ciel. C'est peut-être par inadvertance que Bacon glisse du latin ici : dans *La Nouvelle Atlantide,* il semble faire un effort pour s'en tenir à l'anglais, y compris pour les références bibliques,

alors qu'au début de sa carrière d'écrivain, il écrivait un anglais constamment émaillé de latin. De plus, on s'étonne un peu de voir une référence biblique dans tout ce qui est supposé être un résumé du *Critias* ; ajoutons que dans le texte platonicien, on ne monte jamais que jusqu'à l'Acropole. Sans doute Bacon pense-t-il en fait à plusieurs choses à la fois, à la montée vers le vrai de *La République*, à sa propre conception de la Nature comme pyramide dont le sommet touche le ciel, et à la notion de *scala intellectus*, « échelle de l'intellect », qui apparaît dans la *Distributio Operis* (Sp. t. I, p. 134) et dans le titre d'un fragment (Sp. t. II, p. 687 *sq.*).

34. Quand on est vicomte de Saint Alban, comme Bacon, et qu'on vit dans un pays dont le nom latin est Albion, on peut forger un nom comme *Altabin* sans même le faire exprès. La défaite de la vieille Atlantide est sans doute un souvenir d'une péripétie de l'expédition espagnole contre l'Angleterre en 1588 ; une armée de terre stationnée aux Pays-Bas espagnols devait se joindre à l'Invincible Armada, mais elle prit un retard qui contribua, avec les tempêtes et la contre-attaque navale anglaise, à l'échec de l'expédition. Il est vraisemblable que l'expédition « des gens de Coya » est imaginée ici sur le modèle de l'attaque espagnole, que personne en Angleterre n'était près d'oublier. Dans ce cas, Coya, autre nom du Pérou, dit le texte, c'est l'Espagne. Dans les *Apophtegmes*, Bacon rapporte une boutade de Mendoza regrettant que le Pérou, dont il était Vice-Roi, soit un peu trop près de Madrid. Au reste, Coya est le nom d'un village d'Espagne rendu célèbre par un concile qui s'y tint en 1050 et qui a édicté des lois de droit canon défendant notamment aux clercs de porter des armes et de loger avec des femmes, et interdisant aux chrétiens de loger ou de manger avec des juifs ; Bacon, qui est favorable à la réconciliation des chrétiens et des juifs, a pu donner ce nom de Coya aux attaquants. Enfin, il n'est pas interdit d'entendre « Goya » sous ce terme de « Coya », puisque le terme hébreu de *goy* (désignant péjorativement les non-juifs) s'était répandu dans les langues latines au XVIe siècle, pour donner par exemple le mot français de goujat : un protestant qui, comme Bacon, revendiquait une grande proximité avec la Bible et le monde hébraïque pouvait fort bien utiliser le vocable pour évoquer les méchants atlantidiens et l'Espagne, devenue, tout au long du siècle précédent, symbole d'antisémitisme.

35. Longue note de Wren en latin. Apparemment, il cherche à calculer, à partir de la date du Déluge (A°M 2656) et de celle de la fondation de Tyr (A° 2692), à quel moment ce récit est situé.

36. Malgré la référence à l'Amérique, tout ce passage est inspiré des *Lois* de Platon (livre III, 677b *sq.*).

37. Le *Commentarius* (Sp. t. XI, p. 74) note : « *Lawgyver perpetuus princeps* », c'est-à-dire « Le législateur est Roi perpétuel. »

38. La King James Bible dit que Dieu a donné à Salomon la « *largeness of heart* » (I Rois 4, 29), et cette même Bible traduit Proverbes 25, 3 par « *the heart of kings is unsearchable* ». Bacon fait donc ici un montage des deux références, telles que données dans le King James Bible, en substituant seulement « *inscrutable* » à « *unsearchable* ». Quand je traduisais *Du progrès* (où Bacon fait référence au même passage du Ier Livre des Rois), David Hansel avait attiré mon

attention sur le fait que « cœur », en hébreu, veut dire l'esprit, ce dont des traductions plus récentes de la Bible tiennent compte, et ce qui semble avoir été un point de philologie connu aussi de Bacon, qui, dans *Du progrès*, commente le verset « Son cœur était comme le sable de la mer » par un développement sur l'entendement de Salomon.

39. C'est partout, dans l'œuvre de Bacon, que l'on trouve la même mise en garde contre l'innovation, tant d'un point de vue politique que d'un point de vue religieux. Mais il y a une exception notable : l'innovation scientifique, évidemment. Dans le *Novum Organum* (livre I, aph. 129), Bacon explique que, si la réforme en matière de vie civile ne se fait pas sans violence et sans troubles, les inventions, elles, apportent de bons effets sans faire de mal ou de peine à quiconque.

40. Bacon s'amuse : il n'est pas nécessaire de connaître beaucoup d'hébreu pour savoir qu'on n'y note que les consonnes, si bien que Salomon ou Solamona, c'est tout un.

41. Le texte de I Rois 4, 33, dans la King James Bible, dit : « Et il a parlé des arbres, depuis le cèdre qui est au Liban jusqu'à l'hysope qui jaillit du mur ; il a parlé aussi des bêtes à quatre pattes, des oiseaux et des bêtes rampantes, et des poissons. »

42. Ces frères voyageurs sont nommés plus loin « les marchands de lumière ». Dans le *Commentarius*, Bacon note « *Allowance for travailing : Allowance for experimts. Intelligence and correspondence with ye universities abroad* » (« Des fonds pour les voyages ; des fonds pour les expériences ; espionnage de, et correspondance avec, les universités étrangères »). La lettre de sir Henry Wotton à Bacon utilise très précisément la métaphore mercantile qui apparaît ici : Wotton, qui va donner un exemplaire du *Novum Organum* à Kepler, et qui, dans la même lettre, décrit, sans le nommer, le dispositif optique inventé par Kepler, évoque le « commerce des expériences philosophiques, qui assurément est, entre toutes les formes de circulation de marchandises (*traffic*), celle qui est du meilleur aloi (*ingenuous*) » (*Reliquiae Wottoniae*, Londres 1685, p. 298 *sq.*).

43. Bacon, dans d'autres textes, a prôné énergiquement la naturalisation, c'est-à-dire la reconnaissance du droit de cité ou des droits civiques aux personnes étrangères ; il évoque cette question dès *Of the True Greatness of the Kingdom of Britain* (c. 1608, Sp. t. VII, p. 52-53) et de nouveau dans la dernière édition des *Essays* : la manière dont Rome accordait une naturalisation pleine et entière à des individus, des familles, des cités et parfois des nations entières lui paraît infiniment recommandable. Il s'agit bien entendu d'intégration juridique, et non d'assimilation religieuse. Bensalem a l'air d'être une île fermée, non certes à la manière de la Chine, mais bien circonspecte tout de même dans un premier temps vis-à-vis des étrangers ; ensuite, on propose aux voyageurs de cesser d'être étrangers. Si Bensalem a une Maison pour accueillir les étrangers, et des techniques pour les retenir, ceci n'est pas du tout contradictoire avec une remarque des *Essays* disant que le grand nombre d'étrangers est parmi les causes possibles de troubles et de sédition : il faut au contraire comprendre cette dernière remarque comme un ultime argument en faveur de la naturalisation, Bacon voulant dire qu'il ne faut pas laisser les étrangers le rester.

44. Le texte dit : « *worthy of observation and relation* ». « *Observation* » est un terme courant sous la plume de Bacon, en particulier quand il traite du travail scientifique. Il s'agit d'une remarque réfléchie, d'emblée destinée à devenir une note ou un compte-rendu, un constat actif de ce qui se donne à voir, comme dans les constats que dressent les huissiers.

45. L'emblématique du miroir pouvait prendre, à la Renaissance, diverses valeurs possibles. Il s'agit ici d'un miroir supposé refléter non le réel, mais une image idéale ou un monde exemplaire et parfait. Voir à ce sujet Marie-Madeleine Martinet, *L'Idée de miroir dans le théâtre élisabéthain*, thèse soutenue en 1977 à l'université de Paris-IV ; *Le Miroir de l'esprit*, Paris, Didier Erudition, 1981.

46. Le thyrse était un bâton décoré de lierre que portaient les fidèles assistant aux rites dionysiaques. Comme on retrouve le lierre sur le dais du Tirsan, et que cette fête de la famille est aussi une fête de la vigne, l'allusion n'est pas douteuse. Pour Dionysos, voir *infra*, note 48).

47. Le Tirsan joue le rôle du *logos tomeus*. Dans *Le Banquet* de Platon, Aristophane raconte comment Zeus coupa en deux l'androgyne originel, ce qui eut pour effet d'affaiblir l'humanité par rapport au divin, et de la faire proliférer, le sectionnement étant créateur de la reproduction sexuée. Dans la Genèse, Abraham se plaint de ne pas avoir d'enfants, et Dieu lui dit de couper en deux des animaux (Genèse, 15, 9). D'où l'idée de Philon d'Alexandrie, qui assimile Adam à l'androgyne, et qui dit que le Verbe crée par dichotomie : c'est le *logos tomeus*, le « verbe séparateur » (*Quis rerum divinarum*, § 164). L'imaginaire de la Renaissance a repris ce thème : voir Edgar Wind, *Pagan Mysteries in the Renaissance*. Londres, 1958, rééd. Oxford University Press, p. 202 et 212 ; traduit de l'anglais par P.-E. Dauzat, *Mystères païens de la Renaissance*, Paris, Gallimard, 1992.

48. Le dispositif de cette fête tend à imposer l'idée que la progéniture est sortie de la seule cuisse du Tirsan. Il y a plusieurs indications dans l'œuvre de Bacon d'un véritable complexe vis-à-vis de la dualité des sexes, et qui trahissent une prétention du terme masculin à annuler cette dualité, et à devenir unique en ayant détruit/annexé le terme féminin. Dans le *De Sapientia*, il raconte comment Jupiter dévora Métis dès que celle-ci fut enceinte, devenant ainsi enceint lui-même ; puis il accoucha par la tête, et mit au monde Athéna Pallas. Junon, indignée de ce qu'il ait mis un enfant au monde sans son aide à elle, voulut en faire autant ; las ! si la parthénogénèse masculine produit la déesse de la sagesse, la parthénogénèse féminine, elle, ne produit qu'une catastrophe, Typhon, l'immense monstre (Sp. t. VI, p. 627 et 630). Dans le *De Augmentis*, Bacon revient sur ce thème de l'engendrement monoparental, si l'on peut dire : il explique que Sémélé fut, dans le même instant, fécondée et détruite en s'accouplant à Jupiter ; celui-ci tira du sein de Sémélé l'embryon et le cacha dans sa propre cuisse, qu'il recousit : un enfant naquit, qui reçut le nom de Dionysos, et se montra quasi hermaphrodite : « Il avait l'air si féminin que son sexe en paraissait équivoque » (Sp. t. I, p. 535). Notons enfin qu'un ouvrage de Bacon porte le titre de *Temporis Partus Masculus*,

« l'Accouchement masculin du temps » (tr. fr. *Production virile du siècle*, in Deleule et Rombi, *Récusation des doctrines philosophiques et autres opuscules*). Cet imaginaire n'est pas pour rien dans la construction, elle-même fantasmagorique, de la loi salique que Bacon institue pour les sciences, et il rejoint, en termes plus crus, le thème de « l'heureux mariage entre l'esprit de l'homme et la nature des choses ». Au-delà des interprétations psychanalytiques que l'on peut chercher à donner de ce complexe baconien, il faut noter qu'il répond à un « problème » issu de la philosophie de l'auteur. *Se soumettre aux choses mêmes* est le mot d'ordre du réalisme de Bacon, qui considère que l'esprit doit s'effacer pour laisser toute la place aux choses telles qu'elles sont en elles-mêmes. Seulement, il pense que la nature est une puissance dont on peut parler au féminin et qu'on « ne peut la vaincre qu'en lui obéissant », et il voit la communauté scientifique comme masculine : dès lors, le mot d'ordre du réalisme pourrait se traduire, *horresco referens*, comme l'idée d'une soumission des hommes à une puissance dite féminine ! Le thème de l'accouchement masculin, l'occultation de la mère, etc., ont donc pour fonction de compenser une conséquence, elle-même imaginaire, de la sexualisation de l'acte de connaître, ou de conjurer un danger lui-même halluciné, celui de la soumission d'un principe décrit comme masculin à un principe décrit comme féminin. Je pense que ce problème fantasmagorique ne se serait pas posé si notre auteur avait pensé la communauté scientifique sur le mode de la mixité et la nature comme sexuellement neutre, ce qui était théoriquement possible et scientifiquement souhaitable, et ce qui aurait peut-être orienté d'emblée la sociabilité scientifique autrement, dans un sens plus agréable pour tout le monde – ce qui, accessoirement, aurait épargné à l'auteur l'épouvantable réputation d'archiphallocrate qui est la sienne aujourd'hui dans l'épistémologie américaine. En tout cas, ce problème inutile va le travailler jusqu'au *De Augmentis*, c'est-à-dire jusqu'à pratiquement la fin de sa vie. Dans cette traduction latine remaniée de *Du progrès*, même s'il reprend son vieux fantasme d'un père dévorant la mère, il semble aussi avoir trouvé une autre formulation, mythique comme les précédentes, mais dans laquelle genre grammatical des termes et figures de la mythologie antique concordent avec ses souhaits : la philosophie n'est plus dite mariage de la Nature (*natura*) avec l'esprit (*intellectus*), ce qui suscitait tant de problèmes, mais mariage du monde (*mundus*), symbolisé par Pan, avec la nymphe Echo, qui n'est qu'une voix : « Le monde jouit de lui-même et en lui-même jouit de tout », tandis que « la nymphe Echo n'est pas une chose solide mais vocale », et « la vraie philosophie, c'est celle qui restitue très fidèlement les voix du monde lui-même, et qui s'écrit sous sa dictée ». Là, tout semble rentrer dans l'ordre de l'orgueil phallocentrique, chatouilleux au point de souffrir même du genre des mots.

49. Dans la Bible, il y a un Joab, bras droit de David, et lié aux circonstances de la naissance de Salomon (II Samuel, 11 *sq.*). Tout ce passage est d'interprétation délicate. Aujourd'hui, un auteur qui valoriserait une communauté juive imaginaire tout en jetant l'opprobre sur les communautés (réelles) des autres parties du monde mériterait d'être accusé d'antisémitisme. Je ne pense pas que

Bacon soit justiciable d'un procès de ce genre. Tout ce que dit ce passage, c'est que l'entente entre chrétiens et juifs est possible, et que, dès lors qu'on reconnaît à la communauté juive un vrai droit de cité, tout se passe bien, un peu comme à Venise à l'époque (voir *supra*, p. 46 *sq.*), voire mieux encore qu'à Venise, selon la logique du texte qui fait que tout est *mieux* à Bensalem : les chrétiens y sont meilleurs que nulle part ailleurs, et les juifs aussi, en fait pour la même raison, puisque tout le monde y est plus tolérant. La haine religieuse, dont Bacon a surtout traité quant aux relations entre catholiques et protestants, et qu'il évoque ici comme problème existant en Europe entre chrétiens et juifs, est une faute très grave de son point de vue, et si les religions doivent se détester mutuellement, alors il vaut mieux l'athéisme. Malgré ses limites, ce passage de *La Nouvelle Atlantide* milite dans le bon sens : la communauté juive d'Angleterre avait été en partie exterminée, en partie expulsée à la fin du XIIIe siècle. Depuis le règne d'Elisabeth, quelques séfarades vivent en Angleterre et il est question d'autoriser la communauté comme telle à s'y installer. Ce projet n'aboutira que sous Cromwell, sur les instances du grand rabbin d'Amsterdam, mais aussi grâce, je crois, à une lente maturation d'idées chez les protestants britanniques, maturation à laquelle une œuvre aussi populaire que *La Nouvelle Atlantide* a sûrement contribué. On notera que Bacon distingue parfaitement l'intégration juridico-politique de l'assimilation religieuse : Joabin bénéficie de la naturalisation à la romaine, telle que décrite dans les *Essays* (*jus civitatis*, avec *jus commercii* et *jus honorum* au moins), sans pour autant s'assimiler.

50. Pour le rapprochement avec les *Crudities* de Coryate, voir *supra*, p. 47, et la note correspondante. La Bible dit (Malachi 5, 4) : « J'enverrai le prophète Elie avant que vienne le grand et terrible jour du Seigneur. » Dans Marc 9, 11, les disciples demandent à Jésus pourquoi les scribes disent qu'Elie doit venir d'abord (donc avant lui), et il répond : « Elie est venu. » La tradition chrétienne dominante considère que c'est de saint Jean-Baptiste qu'il s'agit et que Jésus est donc bien, comme l'assure l'Evangile de Jean, le Messie, *Christ* étant d'ailleurs la traduction grecque de ce terme, qui signifie l'« oint ». Le fait que Joabin refuse indirectement cette épithète à Jésus n'est sans doute pas blasphématoire aux yeux de Bacon, qui, dans sa *Profession de foi*, ne caractérise pas le Christ comme Messie, mais essentiellement comme Sauveur, Médiateur, interprète parfait de la loi, et incarnation du Saint-Esprit qui termine le livre des Ecritures. Il est possible qu'il considère l'assimilation du Christ au Messie comme, sinon un point de folklore, à tout le moins une sorte de métaphore, « qui greffe le nouveau sur l'ancien, comme les religions ont coutume de faire ». On remarque d'ailleurs que la périodisation de l'éternité qu'il propose ne fait guère de place à un Messie, et ne constitue pas la naissance de Jésus comme un événement qui marquerait un avant et un après : Bacon distingue trois parties dans l'éternité, celle d'avant le commencement, quand la déité était seule, celle du mystère, entre la création et la dissolution du monde, et celle de la révélation (ou Apocalypse) des fils de Dieu, après, donc, la dissolution du monde. De plus, il pourrait bien partager le point de vue de Joabin, selon lequel la

venue du Messie se dit toujours au futur, car reporter cette venue laisse toute sa place à une transposition technico-scientifique du messianisme : le lait et le miel couleront à flots quand les travaux de la Maison de Salomon auront été menés à bien. Bacon est trop subtil pour jamais dire expressément cela, mais il laisse suffisamment entendre un projet de cet ordre pour que les baconiens britanniques du XVIIe siècle, en particulier puritains, donnent une dimension apocalyptique à sa « Grande Restauration ». Quoi qu'il en soit, derrière la question de l'assimilation de Jésus au Messie, il pourrait y en avoir une autre, plus sérieuse, concernant la divinité du Christ et la Trinité. Depuis le milieu du XVIe siècle, un courant s'est dessiné qui, à la suite de Bernard Ochin, et surtout de Socinius, met en doute le caractère divin du Fils, courant de pensée qu'on appelle aujourd'hui « unitaire » et que le XVIIe siècle a connu sous le nom de mouvement socinien ou antitrinitaire. On a parfois appelé ses adhérents « des demi-juifs ». L'intérêt de la figure de Joabin, c'est qu'elle est exactement au point d'équilibre entre le cabalisme et le socinianisme. Le fait que Bacon, dans sa *Profession de foi*, appelle le Christ « le Médiateur » et considère qu'il y a une seule Eglise universelle de Dieu éparpillée à la face du globe, et ce depuis le début du judaïsme, tend à faire de lui aussi un socinien, même s'il réintroduit avec infiniment de précautions une sorte de Trinité dans la déité.

51. « *Cabala* » veut seulement dire « tradition » : il n'y a donc pas redondance à dire « cabale secrète ». On notera que, si les lois de Bensalem sont réputées avoir été édictées par Moïse lui-même, il est hors de doute que Bacon n'a pas eu l'intention de composer pour sa fable un système de lois !

52. Cette prise de distance vis-à-vis de Joabin (il rêve) ne porte peut-être que sur l'image du Jugement dernier, et il est possible que Bacon ait considéré toute peinture du Jugement dernier comme relevant de l'imagerie pieuse, populaire et catholique. « Mr Bacon répondit à la reine Elisabeth qu'il avait entendu dire que, dans l'ancien temps, il y avait souvent le Jugement dernier peint sur les murs des églises », représentant Dieu entouré de saint Michel et de Notre Dame (Sp. t. VII, p. 134). Par ailleurs, Bacon veut peut-être dire que Joabin rêve parce qu'il cherche trop à comprendre, ce en quoi il enfreint la recommandation des rabbins et des cabalistes citée dans *Du progrès* (Sp. t. III, p. 486, tr. fr. p. 287) : ne pas chercher à trop savoir, mais être dans la crainte.

53. Wren coche certaines phrases de ce passage et écrit dans la marge : « NB », marquant ainsi, je suppose, son approbation pleine et entière.

54. Wren note : « objection contre les prélats qui tolèrent les lupanars ».

55. On aurait tort de s'étonner de ce que ce texte, qui a bien des égards peut sembler puritain, prononce une réhabilitation de la sexualité dès lors qu'elle s'inscrit dans le cadre du mariage, le mariage, comme il est dit plus loin, devant intégrer la possibilité du désir, et ce de façon réciproque. Il y a une réhabilitation du corps, de ses besoins, de ses désirs, de ses plaisirs et de sa beauté dans tout le texte, comme c'était le cas aussi dans *L'Utopie* de Thomas More.

Dans *Du progrès*, Bacon considère le plaisir comme un indice de valeur éthique, puisqu'il explique que, si le plaisir sexuel est plus grand que les plaisirs de la table, c'est qu'engendrer est moralement supérieur à seulement se conserver. Dans la *Sylva*, il dit que « le plaisir de l'acte de Vénus est le plus grand plaisir des sens » et il cherche à comprendre les causes profondes de ce plaisir. John Aubrey prête à Harvey des idées qui légitiment aussi l'éros : en tant que médecin, Harvey militait contre les mariages décidés en fonction de raisons sociales et pour le mariage d'amour, qu'il comprenait surtout comme amour physique ; car, disait-il, quand un homme et une femme ont un bon appétit l'un pour l'autre, c'est la Nature, meilleure conseillère que les familles, qui les pousse, et les enfants ainsi engendrés sont plus vigoureux.

56. Genèse, 19, 8. L'apologie du mariage proposée ici, et opposée à la fréquentation de courtisanes, doit être prise comme une allégorie de la vraie philosophie par contraste avec celle, vaine et stérile, qui est reçue. A plusieurs reprises en effet, Bacon désigne la connaissance véritable comme le mariage légitime de l'esprit avec la nature des choses (voir Sp. t. I, p. 131 et 140 ; t. III, p. 538-539, 557 et 583). La *Redargutio* fournit le contrepoint en disant que la philosophie traditionnelle est comparable à Laïs (courtisane antique), et aussi qu'elle fait imaginer la nature comme une femme qui dévoilerait ses secrets et accorderait ses faveurs facilement (Sp. t. III, p. 562 et p. 581, tr. fr. p. 91 et p. 135). Comparer avec un écrit de jeunesse de Descartes : « La science est comme une femme : tant qu'elle reste pudiquement auprès d'un mari, on l'honore ; si elle devient celle de tous, elle s'avilit », *Præmbula*, in *Cogitationes Privatæ*, éd. Adam et Tannery, t. X, p. 214.

57. I Rois, 17, 18. Le rapport entre la situation et la référence biblique peut sembler mince. La remarque a pourtant son importance : *L'Utopie* de Thomas More se compose d'un livre critique, qui détaille les fautes du monde connu, et d'un livre positif qui décrit l'heureuse république des Utopiens. Bacon a conscience de ne proposer que le volet positif – mais il faut comprendre que le portrait en beau qu'il propose de l'humanité vaut comme pierre de touche : la peinture de l'île de Bensalem est une critique des insuffisances du monde tel qu'il va. Considère-t-il en outre que la philosophie matrimoniale des Bensalémiens doit être lue comme son autocritique, lui qui ne s'est marié que fort tard ? Si l'on se reporte à l'*Essay* « Of marriage and single life » (1612 et 1625), on trouvera une doctrine sensiblement différente de ce qui est exposé ici, et un éloge du célibat qui pourrait bien ne valoir que pour ceux qui ont une « grande tâche » en vue : les valeurs familialistes de *La Nouvelle Atlantide* sont peut-être celles que Bacon destinait aux gens ordinaires !

58. Il s'agit de *L'Utopie* de Thomas More, livre II, trad. franç. Marie Delcourt, rééd. Paris 1987, coll. GF-Flammarion, p. 192-193.

59. Wren note qu'en 1652 l'ambassadeur de Portugal a fait une entrée de ce genre, mais qu'il avait derrière lui un riche carrosse tiré par six chevaux. En fait, la description de cette entrée solennelle du Père dans la ville est plus précisément symétrique des visites royales

qu'Elisabeth et Jacques Ier ont rendues à Cambridge et Oxford ; Bacon a pu faire partie de la suite de la reine, lors de la visite de celle-ci à Oxford en 1592 ; il en a, au moins, certainement entendu parler fort en détail. (Voir Philipp Stringer, *The Grand Reception and Entertainment of Queen Elizabeth at Oxford in 1592*, c. 1602 ; Charles Edward Mallet, *A History of the University of Oxford*, vol. 2, Londres Methuen, 1924, et *The History of the University of Oxford*, sous la direction de T. H. Aston, vol. III, Clarendon Press, 1986.) Dans la réalité historique, le pouvoir royal était reçu avec pompe par l'Université et accessoirement par la municipalité ; dans *La Nouvelle Atlantide*, c'est l'inverse, le savoir est reçu avec déférence par la communauté civile. Un point mérite d'être souligné : il était d'usage pour l'Université d'assommer les souverains de discours, au point qu'en 1592 Elisabeth, et même les mules de son carrosse, s'impatientèrent à un carrefour. Personne ne harangue le Père de la Maison de Salomon : c'est lui qui, quelques jours plus tard, soliloque.

60. Athéna, déesse casquée de la sagesse, le cou découvert mais portant en travers des épaules l'Egide, pourrait avoir fourni l'essentiel de la figure du Père ! Il est vrai que la déesse pouvait, dans *L'Odyssée* au moins, se travestir en homme mûr.

61. Si ce Père est un souvenir d'Athéna, alors ces « *emeralds of the Peru colour* » sont peut-être une faute de lecture, due au fait que le récit commence au Pérou. Il vaudrait mieux lire « *perse colour* », le moyen-anglais admettant ce terme : les émeraudes seraient alors une transposition des fameux yeux pers de la déesse.

62. Dans *Du progrès* (Sp. t. III, p. 387 ; tr. fr. p. 164), Bacon a stigmatisé certaines théories dogmatiques si grossières qu'elles ne font leur chemin dans le monde qu'en se faisant accompagner de licteurs pour écarter la foule. L'intention de notre passage est de marquer que la vraie et bonne connaissance de la Nature n'emploie pas de moyens aussi déloyaux que les faisceaux des licteurs pour se frayer un passage. Elle est douce, et respectée pour elle-même.

63. Joabin a donc des fonctions telles qu'il a un rôle à jouer dans le *decorum* de la visite du Père de la Maison de Salomon : l'intégration de la communauté juive préconisée par *La Nouvelle Atlantide* comprend sûrement le *jus honorum* (voir *Essays*, Sp. t. III, p. 448).

64. Enfouir dans les profondeurs est une des catégories de la *Sylva* : voir, par exemple, Sp. t. II, p. 466-467. Pour une étude de ces laboratoires imaginaires, voir « Voyage dans la pensée baroque », ch. II, dans notre première édition de *La Nouvelle Atlantide*.

65. Météore : tout phénomène qui se produit dans l'atmosphère.

66. « Imprégnées de... » : l'anglais dit « *tinct* », un terme qui appartient à la langue alchimique (la théorie des teintures), au vocabulaire chimiatrique et tout simplement aussi au registre technologique. La panacée dont il est question quelques lignes plus loin, l'Eau de Paradis, fait écho au bassin d'eau miraculeuse du début du récit. Pour l'imitation des eaux curatives, voir *Du progrès*, Sp. t. III, p. 376, tr. fr. p. 152.

66. Dans *Du progrès*, Bacon prend soin de noter : « Nul ne doit conclure de ce qu'il existe des airs pestifères, capables de tuer en un clin d'œil une personne bien portante, qu'il peut exister aussi des

airs souverains, capables de guérir quelqu'un de malade en un clin d'œil » (Sp. t. III, p. 369, tr. fr. p. 142). La croyance dans le caractère salutaire d'une petite bouffée d'air bienfaisant, idée construite par symétrie avec le peu d'air nocif qu'il faut pour contracter une maladie infectieuse, est attestée par Shakespeare (*Vénus et Adonis*, v. 508-510). Dans la *Sylva*, on apprend que les médecins de l'époque envoyaient déjà à la campagne les gens souffrant de consomption ou ceux qui se remettaient de longues maladies, et que Bacon avait des idées précises sur l'art d'avoir du bon air à l'intérieur des maisons (Sp. t. II, p. 651).

68. Dans la *Sylva*, Bacon rapporte des techniques pour rendre certaines espèces plus précoces : les fraisiers arrosés une fois tous les trois jours avec de l'eau dans laquelle on a fait tremper de la crotte de pigeon ou du fumier de mouton produiront des fraises de bonne heure.

69. Wren a réussi à faire pousser une cochléaria aussi grosse que du lierre. Dans la *Sylva*, Bacon rapporte un bon nombre de recettes de jardinier ; l'une au moins, mettre du sang près des racines, est une technique d'engrais toujours en usage aujourd'hui.

70. Wren note que le chien d'un Dr Scarborough a survécu à une ablation de la rate et qu'il est devenu vif et gros.

71. Dans *Du progrès*, Bacon a pris position en faveur de la vivisection, l'*anatomia vivorum* (Sp. t. III, p. 374, tr. fr. p. 149).

72. Wren connaît un exemple de croisement entre le putois et le chat domestique, une créature très utile, note-t-il.

73. Là encore, Wren connaît un exemple de croisement entre la truite et le mulet, qui donne un poisson délicat.

74. Wren note qu'on peut faire du jus de groseille, de raisin, de café, du chocolat et des « *sherbets* » [citronnades, jus de violettes ou sorbets].

75. Grâce à la *Sylva*, on sait qu'il s'agit d'un suc au goût sucré que l'on récolte sur les feuilles de mûrier en Espagne (Sp. t. II, p. 593).

76. Naturellement, Wren a entendu parler d'Indiens qui peuvent ainsi faire de longs voyages sans manger ni boire.

77. *Perspective-houses* : du latin médiéval *perspectiva*, art ou science optique, même si le sens pictural de perspective existe déjà. La *camera oscura* que Kepler a fabriquée à Lintz pour tracer par projection des paysages *non tanquam pictor sed tanquam mathematicus*, « non en peintre, mais en mathématicien », et que Wotton a décrite à Bacon dans une lettre en 1620, aurait mérité de figurer dans ce paragraphe (*Reliquiae Wottoniae*, Londres, 1685, p. 298 *sq.*). Il se pourrait que son absence soit remarquablement pertinente. La projective, ou le mode projectif, aurait constitué une référence de choix pour une philosophie de la représentation. Si Bacon n'a pas compris l'intérêt de ce que Wotton lui a fait connaître (et tout porte à croire qu'il n'a pas compris), c'est probablement que sa philosophie de la connaissance est tout sauf une théorie de la représentation : c'est une philosophie de l'analyse inductive, de la discursivité, de l'imitation artificielle des choses de la nature, de la production d'effets nouveaux, de l'instrumentalité, etc. En traduisant *La Nouvelle Atlantide*, Margaret Llasera et moi

avons traduit *to represent* par « présenter » ou « produire » ou « reproduire », selon le sens du terme au début du XVIIe siècle : dans les phrases où le terme apparaît, traduire to *represent* par « représenter » n'aurait eu aucun sens.

78. « *We have glasses* [...] *to see* [...] *observations in urine and blood not otherwise to be seen.* » Le terme d'*observation*, chez Bacon, désigne couramment une remarque réfléchie faisant l'objet d'une note, comme ce que nous écrivions dans nos cahiers de travaux pratiques à l'école. Ici, le terme est transporté à l'objet : des éléments ou des phénomènes intéressants à noter.

79. Wren note qu'à présent des appeaux pour toutes sortes d'oiseaux sont devenus communs partout, et qu'un sifflet à chat (*cat pipe*) est si délicatement ressemblant qu'il attire les matous aussi bien qu'une chatte.

80. Cela rappelle à Wren le mur des Pictes, dans lequel les voix des sentinelles étaient transportées de ville en ville.

81. Le verbe *to imitate* est curieusement utilisé ici sans complément.

82. Margaret Llasera a eu le courage d'entreprendre les recherches nécessaires pour élucider ce mystérieux terme de « *other motions of return* » : il s'agit d'une allusion au système bielle-manivelle, dispositif transformant un mouvement linéaire de va-et-vient en mouvement rotatif, et réciproquement.

83. Le laconisme de ce paragraphe s'explique : Bacon était hostile non aux mathématiques en elles-mêmes, mais à leur hégémonie sur les sciences de la nature, hégémonie qui est le paradigme même des idoles, car si les mathématiques « font la loi » à la physique, au lieu d'en être les servantes, elles imposent leur schèmes (d'ordre, de régularité, de symétrie) à la nature. Au reste, la partition des mathématiques a manifestement changé, dans l'esprit de Bacon, entre *Du progrès* et *La Nouvelle Atlantide* : *Du progrès* distinguait mathématiques pures (géométrie et arithmétique) et mathématiques « mixtes » ou mêlées de matière (optique, musique, astronomie, géographie, architecture, sciences des machines...). Dans *La Nouvelle Atlantide*, Bacon appelle mathématiques tout court la géométrie et l'astronomie, précédemment classées l'une comme pure, l'autre comme mixte, et qu'il désigne comme des sciences pour lesquelles il y a des instruments, ce qui justifie l'oubli de l'arithmétique, mais ce qui dénote aussi un changement de perspective : il s'est peut-être converti finalement à l'association de la géométrie et de l'astronomie, à l'idée de mesure et de précision instrumentale des moyens de mesure. Plus encore, on doit noter la disparition de la catégorie de mathématiques mixtes et de l'énumération hautement traditionnelle de ses rubriques. L'optique n'est plus une rubrique, mais une science à part entière, avec ses « maisons » ; il en va de même de l'acoustique (la musique et ses instruments n'étant plus qu'une partie de l'acoustique) ; enfin, les ateliers de mécanique ne sont plus non plus rattachés aux mathématiques.

84. Ce passage capital, qui montre la division du travail scientifique, et qui donc rend celui-ci impersonnel, n'a suscité aucun commentaire de Wren.

85. Voir *supra*, note 42.

86. Le texte dit *Mystery men*, expression qui dérive du bas latin *ministerium* (artisanat, métier), et non du grec *mustêrion*. Mais, comme Bacon désigne, dans sa *Profession de foi*, le temps qui va de la création du monde à son anéantissement comme « le temps du mystère », il n'est pas interdit d'entendre quelque chose de plus dans cette expression de *Mystery men*.

87. Le terme d'*axiom* chez Bacon veut dire loi empirique : pour lui, il y a des *axioms* de différents degrés de généralité, à mesure qu'on s'éloigne des points particuliers.

88. Le texte anglais, *parts of bodies*, est obscur ; nous avons suivi le texte latin : *latentas partes*.

89. On appelle « baconisme vulgaire » la doctrine affirmant aujourd'hui que seules les sciences dites appliquées comptent, et attribuant l'origine de ce pragmatisme à Bacon. Les spécialistes ont tout lieu de contester l'attribution à Bacon de cette perspective à bien courte vue : dès *Du progrès*, Bacon l'a récusée. On remarquera ici que les Donateurs ou Bienfaiteurs ne constituent qu'une section de la Maison de Salomon. Et il n'est pas sûr que l'utilisation, pour parler de Bacon, de la notion de « science appliquée » soit autre chose qu'une interprétation rétrospective fausse. Ces Bienfaiteurs interviennent non au terme du processus, pour « appliquer » les connaissances les plus hautes, mais en cours de route, à mi-chemin entre la collecte d'expériences et l'interprétation de la nature. Il faut voir dans cette place des Donateurs d'abord la thèse baconienne selon laquelle ce sont les axiomes moyens, entre les plus empiriques et les plus généraux, qui sont les plus fructueux. Mais il faut aussi se souvenir de ce que le caractère fructueux d'une connaissance est, pour Bacon, non l'« application » d'une connaissance acquise, mais un *signe* de sa vérité, signe qu'on est vraiment dans la connaissance de la nature et non dans la méconnaissance. A ce titre, chercher à tirer des connaissances des choses utiles fait partie du protocole destiné à constamment tester la validité, très précisément la valeur de vérité du travail inductif accompli, protocole décrit dans le *Novum Organum* : on ne peut pas appeler « application » ce qui est un des modes du système de contrôle ou de vérification. Voir, pour ces procédures de vérification/falsification, *Novum Organum*, Livre I, aph. 101 *sq.*, le point sur l'utilité ayant été exposé un peu plus haut, dans l'aphorisme 73 : parmi les signes, aucun n'est plus sûr ni plus noble que celui que l'on trouve dans les fruits ; car les fruits, et les moyens d'agir inventés (*opera inventa*), sont les répondants pour la vérité des philosophies.

90. Cette notation est fondamentale, car elle marque l'apparition historique de la figure de l'expérimentateur anonyme et de l'idée qu'une expérience, si elle est scientifique, doit être exécutable par quelqu'un d'autre, et n'importe qui de préférence : de grands passages de la *Sylva* sont écrits à la deuxième personne, « *you* », comme si l'exécutant de l'expérience décrite devait être le lecteur, par définition inconnu. Voir à ce sujet Michèle Le Dœuff, « Un rationaliste chez Augias : la théorie de l'imagination dans la *Sylva Sylvarum* », in *Les Etudes philosophiques*, Paris 1985.

91. Wren note qu'il y en a de différents, dans diverses nations. Globalement, cette galerie des inventeurs l'a plus inspiré que le

passage sur la division des tâches dans la Maison de Salomon : à des détails comme celui-là, on peut voir combien était judicieuse la stratégie baconienne qui consiste à offrir des thèmes à l'imagination en même temps que des théories hardies, ou juste à côté d'elles : même si, du point de vue de la philosophie et de l'histoire des idées sur la science, la théorie d'une division des tâches est infiniment plus intéressante que l'idée d'élever des statues aux inventeurs, cette dernière s'offrait mieux à l'imagination d'un lecteur un peu naïf, et pouvait donc aider à « vendre le projet », comme on dit aujourd'hui.

92. Wren a des propositions à faire : « l'inventeur des lentilles [*perspective glasses*], Marcus Antoninus de Dominis, dans son livre *De Radiis Visus*, 1608 » ; Galilée, qui a su les mettre dans un tube ; Harvey, pour la circulation du sang ; Mr Brigs, inventeur des logarithmes, etc.

93. On peut émettre quelques doutes quant au prétendu inachèvement du texte. Bacon avait déjà remis le texte pour la traduction latine et commis Rawley à la publication conjointe de la *Sylva Sylvarum* et de *La Nouvelle Atlantide*, à telle enseigne que l'épître au lecteur, par Rawley, qui précède la *Sylva* était prête avant la mort de Bacon. De plus, la *Sylva Sylvarum* et *La Nouvelle Atlantide* n'ont pas fait partie de la succession de Bacon. Son testament stipule que ses exécuteurs testamentaires, sir John Constable et sir William Boswell, devront recevoir tous ses papiers quels qu'ils soient, qui se trouvent tant dans ses bureaux ou coffres que dans ses placards, et qu'ils devront y apposer des scellés, jusqu'à ce qu'ils aient le loisir de les lire en entier (Sp. t. III, p. 3). Les papiers ainsi désignés restèrent apparemment sous clef longtemps ; une partie ou peut-être la totalité furent envoyés à Boswell alors à La Haye, et ceci aboutira en 1653 à la publication, par Isaac Gruter, d'un volume de pièces diverses. Si la *Sylva Sylvarum* et *La Nouvelle Atlantide* n'ont pas connu un destin aussi fâcheux, c'est bien que Bacon avait déjà remis ces deux textes à Rawley, à la différence des textes pour lesquels il demande à ses exécuteurs une relecture attentive. On peut certes concéder que, d'un point de vue littéraire, il manque une « chute » à *La Nouvelle Atlantide*. Mais, contrairement à Rawley, je ne suis pas certaine qu'il y manque une description d'un système de lois ou de la meilleure constitution pour une communauté politique. Si l'on se reporte au *De Augmentis*, livre VIII, on trouvera, dans l'aphorisme 5 de l'esquisse d'un traité de justice universelle, ceci : le but que les lois doivent avoir en vue n'est autre que le fait que les citoyens vivent heureux ; et ceci sera obtenu si les citoyens sont correctement formés quant à la piété et la religion, honnêtes de mœurs, protégés par les armes contre les ennemis extérieurs et par l'aide des lois contre les troubles civils et les dommages privés, obéissants quant au pouvoir politique et aux magistrats, opulents et florissants quant aux richesses et aux choses utiles. L'aphorisme 6 poursuit : un tel but, les meilleures lois l'atteignent, etc., et Bacon de dégager ce qui, selon lui, constitue des *legum leges*, les lois de la législation, si l'on peut dire, ou les caractères formels d'une bonne législation, en général et quelle qu'elle soit. A aucun moment il ne prend parti pour telle législation ou telle constitution. Il conclut en déclarant que cette esquisse est un échantillon d'un *digest* qu'il

médite d'écrire, ce qui pourrait bien être, comme le caractère inachevé de *La Nouvelle Atlantide*, une sorte de fausse fenêtre. En fait, Bacon, si on le juge par le « non "*in aliud*" mais "*in melius*" », « non autrement mais en mieux », est le contraire d'un penseur de la meilleure forme de gouvernement ou de législation possible : il est relativement indifférent à la question de savoir si, de la démocratie, de l'empire ou de la monarchie, une forme est radicalement meilleure qu'une autre, même si poliment il concède qu'un royaume moins grand que l'Empire romain est préférable à ce dernier, et que la monarchie (anglaise) laisse plus de loisir aux gens que l'exercice de la démocratie (grecque). Foncièrement, il n'a pas de préférence, mais, pour tout régime et toute loi, il peut voir un fonctionnement optimal : une loi (quelle qu'elle soit) gagne à être claire et certaine, c'est même là sa première dignité. D'autre part, si le but de la législation est que les gens soient heureux, aient de bonnes mœurs, soient protégés contre les troubles civils et vivent dans l'opulence, Bensalem, assurément, offre le tableau d'une parfaite réussite de ce projet, grâce à quelques dispositions politiques peut-être, mais grâce surtout aux résultats des travaux de la Maison de Salomon. La meilleure organisation politique, c'est finalement celle qui instaure une société par la science et pour la science.

94. L'expression de *Magnalia naturae* se trouve *passim* dans la *Sylva Sylvarum*. Cette liste clôt le volume composé de la *Sylva Sylvarum* et de *La Nouvelle Atlantide*. Arthur Johnston, qui a édité *New Atlantis* pour Oxford University Press, commente cet étrange pense-bête en renvoyant à un fragment daté de 1603, préface à un *De Interpretatione Naturae*, où Bacon dit : « Le savoir que nous possédons actuellement n'indique même pas ce qui est à désirer. » (Sp. t. X, p. 87) : selon Johnston, c'est une liste de *desiderata*. Le rapport entre ces *Magnalia* et la préface du *De Interpretatione Naturae* me paraît à la fois certain et plus compliqué que cela, puisque ce mot surgit au terme d'une envolée dans laquelle Bacon condamne l'impatience de ceux qui, s'aventurant sur les vagues de l'expérience, cherchent prématurément et tout de suite à tirer des moyens d'action et des applications de leurs travaux : c'est l'écueil sur lequel tous ces navigateurs ont fait naufrage. Il faudrait donc lire cette liste d'abord comme une concession, par rapport à un « de grâce, laissez à l'interprétation de la nature le temps de se constituer avant de lui demander d'être opératoire ! », que contient le fragment de 1603. Ou alors, il faudrait considérer que l'existence de cette liste indique qu'aux yeux de Bacon l'interprétation de la nature est suffisamment développée à Bensalem (ou dans ses œuvres à lui, vingt ans après ce fragment) pour qu'il soit possible de dire ce qu'on peut en attendre d'un point de vue pratique. Plus encore, cette liste frappe par son caractère hétéroclite. Dans *Les Mots et les choses*, Michel Foucault oppose aux utopies, qui se déploient dans un espace lisse, les inquiétantes hétérotopies de Borgès, qui enchevêtrent les noms et ruinent d'avance toute syntaxe. Bacon est insituable dans cette dichotomie, à la fois dans la catégorie, apparemment lisse, de l'usage humain, et dans l'entrelacs des plaisirs des sens et du ciment, nommant des points parfois groupés en grumeau et parfois solitaires. Pour ma part, je comprends cette liste à partir

du *praecipue*, qu'il a fallu traduire par le pâle « surtout » : *pre-capio*, ce que j'attrape en premier, *praecipue*, ce que l'on a « en première capture ». Il ne s'agit ni vraiment d'un programme ni vraiment d'un bilan, mais, entre les deux, d'une liste de premières prises envisageables, des points de désir aperçus à l'horizon, à la distance d'un *kenning* assurément, « comme des nuages », sur lesquels on peut mettre le cap, avec espérance mais sans certitude.

BIBLIOGRAPHIE

Editions de référence

The Works and Letters of Francis Bacon, 14 volumes, Londres 1848-1874, textes établis, annotés et au besoin traduits en anglais par Spedding, Ellis et Heath ; rééd. fac-similé Friedrich Frommann Verlag, Stuttgart, 1963.

Le texte de *New Atlantis* (tel qu'il est donné au tome III de cette édition, et que nous avons traduit) a été reproduit, avec celui de *The Advancement of Learning* (*Du progrès et de la promotion des savoirs*), par Oxford University Press, 1974, avec une introduction et des notes par Arthur Johnston.

Parmi les éditions latines, on retient celle de N. Bouillet, *Œuvres philosophiques de F. Bacon* (Paris, 1834).

Œuvres de Bacon en traduction française

Traductions anciennes

Un bon nombre d'ouvrages de Bacon ont été traduits entre 1619 et 1649. La meilleure collection se trouve à la Bibliothèque nationale de France. Une grande édition, due à A. Lasalle, fut publiée à Dijon en l'an X de la République. L'édition de J. A. C. Buchon (Paris, 1836) la reprend en partie et y adjoint d'autres pièces.

Traductions récentes

Les Essais, trad., intr. et notes M. Castelain, Paris, Aubier, 1948.

La Nouvelle Atlantide, suivie de « Voyage dans la pensée baroque », trad., préface, notes et commentaire M. Le Dœuff et M. Llasera, Paris, Payot, 1983 (épuisé).

Le Valerius Terminus, ou De l'interprétation de la nature, trad. et notes Fr. Vert, préface M. Le Dœuff, Paris, Méridiens-Klincksieck, 1986.

Novum Organum, trad. et introd. M. Malherbe et J.-M. Pousseur, Paris, PUF, 1986.

Récusation des doctrines philosophiques et autres opuscules, trad., introd. et notes D. Deleule et G. Rombi, Paris, PUF, 1987.

Du progrès et de la promotion des savoirs, trad., avant-propos et notes M. Le Dœuff, Paris, Gallimard, 1991.

Quelques œuvres proches, d'une manière ou d'une autre, de *La Nouvelle Atlantide*

(ANONYME) *Effroyables pactions faites entre le Diable et les prétendus invisibles*, Paris, 1623.

(ANONYMES) Tracts dits rosicruciens : voir Yates, Fr., *The Rosicrucian Enlightenment*, Londres, Routledge and Kegan Paul, 1972 ; rééd. 1975, Paladin (tr. fr. M.-D. Delorme, *La Lumière des Rose-Croix*, Paris, 1978).

ANDREAE, J.V., *Reipublicae Christianopolitanae Descriptio*, Strasbourg, 1619 (tr. angl. Felix Emil Held, *Christianopolis*, New York, Oxford University Press, American Branch, 1916).

BACON, Lady Anne, *Sermons of Barnardine Ochine of Sena, Godlye, frutefull and very necessary for all true Christians, translated out of Italien into Englishe* (Anno Do. MDXLVIII mensis Julio/1550).

CAMPANELLA, T., *Civitas Solis*, Franckfort, 1623 (tr. fr. par A. Zévaes, *La Cité du Soleil*, Paris, 1950, rééd. Vrin-Reprise, 1981).

COMENIUS, *Le Labyrinthe du monde*, écrit en 1623, publié en tchèque en 1631 (trad. ang. par le comte Lützow, Londres, 1901).

CORYATE, Thomas, *Coryate's Crudities*, Londres, 1611 ; rééd. fac-similé, Londres, 1978.

GARASSE, F., *La Doctrine curieuse des beaux esprits de ce temps*, Paris, 1623.

GILBERT, sir Humphrey, *Queene Elizabethes Achademy [circa 1570]*, édité par Furnival, *Early English Text Society*, 1869, extra series, VIII.

GREY, E. (comtesse de Kent), *A Choice Manual of rare and select secrets in physicks and chryrurgery, collected and practiced by the countess of Kent late deceased*, Londres, 1653.

HARTLIB, S., et/ou PLATTES, G., *A Description of the Famous Kingdome of Macaria*, Londres, 1641.

MONTAIGNE, *Essais* (multiples éditions).

MORE, *L'Utopie*, 1516 (multiples éditions et traductions) ; on retiendra la tr. fr. par Marie Delcourt, rééd. Paris, 1987, coll. GF-Flammarion.

MORYSON, F., *An Itinerary*, Londres, 1617. Rééd. fac-similé, Da Capo Press, Theatrum Orbis Terrarum, Amsterdam, 1971.

NAUDE, G., *Instruction à la France sur la vérité de l'histoire des Frères de la Rose-Croix*, Paris, 1623.

SPRAT, Th., *History of the Royal Society*, 1667.

STRINGER, P., *The Grand Reception and entertainment of Queen Elizabeth at Oxford in 1592* [circa 1602].

WOTTON, Sir H., *Reliquiae Wottoniae*, Londres, 1685.

Ouvrages de commentaire

Nous ne pouvons retenir ici la bibliographie ancienne, sur laquelle il faut consulter :

GIBSON, R. W., *F. Bacon, A Bibliography of his works and of Baconiana to the year 1750*, Oxford, 1950.

Signalons cependant l'intérêt de :

REMUSAT, Ch. de, *Bacon, sa vie, son temps, sa philosophie et son influence jusqu'à nos jours*, Paris, 1857.

et, récemment édité, de :

HEGEL, *Cours d'histoire de la philosophie de Hegel*, établis et traduits par Pierre Garniron (chapitre consacré à Bacon in t. VI, Paris, éd. Vrin, 1985).

a) Essais généraux sur Bacon :

FARRINGTON, B. F., *Bacon, Philosopher of Industrial Science*, New York, 1949 ; *The Philosophy of Francis Bacon*, Liverpool University Press, 1964.

JARDINE, L., *Francis Bacon, Discovery and the Art of Discourse*, Cambridge, 1974.

ROSSI, P., *Francesco Bacone, della magia alla scienzia*, Bari, 1957, rééd. Turin, 1974 ; tr. ang. *Francis Bacon : from Magic to Science*, Londres, Routledge and Keagan Paul, 1968. *Clavis Universalis*, Bologne, Il Mulino, ed. 1983. *I Ragni e le Formiche*, Bologne, Il Mulino, 1986.

On se permettra de renvoyer aussi à notre première édition de *La Nouvelle Atlantide* (Paris, Payot, 1983), dont la postface, « Voyage dans la pensée baroque », contient une interprétation globale de la philosophie de Bacon.

b) Ouvrages collectifs et numéros spéciaux de revues :

Francis Bacon, Terminologia e Fortuna (sous la responsabilité de Marta Fattori), Rome ed. Dell'Ateneo, 1984.

Bacon, Science et Méthode (ouvrage coll. éd. par M. Malherbe et J.-P. Pousseur), Paris, Vrin, 1985.

Les Etudes philosophiques (n° spécial) n° 3, 1985.

Revue internationale de philosophie (n° spécial dir. par M. Le Dœuff), n° 159, 1986.

Francis Bacon's Legacy of Texts (sous la direction de W. A. Sessions), New York et Londres, AMS Press, 1990.

c) Articles :

COLIE, R. L., « Cornelis Drebbel and Salomon de Caus : Two Jacobean Models for Salomon's House », *Huntington Library Quarterly*, 18, 1954.

OREL, T., « L'Imaginaire et l'invention scientifique selon Francis Bacon », in *L'Invention au XVI*e *siècle*, édité par Claude-Gilbert Dubois, Presses universitaires de Bordeaux, 1987.

ROSSI, P., « Hermeticism, Rationality and the Scientific Revolution », in *Reason, Experiment and Mysticism in the Scientific Revolution*, edited by M. L. Righini Bonelli and W. R. Shea, New York, 1975.

SAXL, F., « *Veritas filia temporis* », in *Philosophy and History* (mélanges offerts à E. Cassirer), edited by R. Klibansky and H. J. Paton, Oxford, Clarendon Press, 1936, rééd. Gloucester, Mass, Peter Smith, 1975.

VIDAL-NAQUET, Pierre, « Hérodote et l'Atlantide : entre les Grecs et les Juifs », in *Quaderni di Storia*, n° 16, Bari, 1982, edizioni Dedalo.

YATES, Fr., « Paolo Sarpi's History of the Council of Trent », in *Journal of the Warburg & Courtault Institutes*, VII, Londres, 1944.

Ouvrages historiques ou généraux

FOX KELLER, E., *Gender and Science*, Yale University Press, 1985.

GILLE, B., *Les Ingénieurs de la Renaissance*, Paris, Hermann, 1964, rééd. Seuil, 1978.

GRAFTON, A. et JARDINE, L., *From Humanism to the Humanities*, Harvard University Press, 1986.

HARTLEY, Sir H., *The Royal Society, its Origin and Founders*, Londres, Royal Society, 1960.

IMBELLONI, J. et VIVANTE, A., *Le Livre des Atlantides*, tr. Gidon, Paris, Payot, sd (1942 ?).

JONES, R. F., *Ancients and Moderns : a Study of the Rise of the Scientific Movement in Seventeenth-Century England*, St Louis, 1936 ; rééd. University of California Press, 1965.

LANE, F. C., *Venise : une République maritime*, tr. de l'anglais par Yannick Bourdoiseau et Marie Ymonet, Paris, Flammarion, 1985.

MALLET, C. E., *A History of the University of Oxford*, vol. 2, Londres, Methuen, 1924.

MANUEL, F. E. et F. P., *Utopian Thought in the Western World*, Oxford, 1979, Blackwell.

MARTINET, M.-M., *Le Miroir de l'esprit dans le théâtre élisabéthain*, Paris, Didier Erudition, 1981.

Mc CONICA, J. (ed), *The History of the University of Oxford* (sous la direction générale de T. H. Aston), vol. III, Clarendon Press, 1986.

PURVER, M., *The Royal Society : Concept and Creation*, Londres, Routledge and Kegan Paul, 1967.

SORTAIS, G., *La Philosophie moderne depuis Bacon jusqu'à Leibniz*, Paris, 1920.

VIDAL-NAQUET, P., *Le Chasseur noir* (IVe partie, chap. 2), Paris, Fr. Maspéro, 1981.

WEBSTER, Charles, *Samuel Hartlib and the Advancement of Learning*, Cambridge, 1970 ; *The Great Instauration*, Londres, Duckworth, 1975.

WIND, E., *Pagan Mysteries in the Renaissance*, Londres, 1958, rééd. Oxford University Press, p. 202 et 212 (traduit de l'anglais par P. E. Dauzat, *Mystères païens de la Renaissance*, Paris, Gallimard, 1992).

YATES, F., *The Rosicrucian Enlightenment*, Londres, Routledge and Kegan Paul, 1972, rééd. 1975, Paladin ; tr. fr. M.-D. Delorme, *La Lumière des Rose-Croix*, Paris, 1978. *The Occult Philosophy in the Elizabethan Age*, Londres, Routledge and Keagan Paul, 1979.

CHRONOLOGIE

ou comment un homme d'Etat anglais puis britannique fut aussi un réformateur utopiste à vocation européenne, dans une époque bouleversée par les luttes religieuses mais en grande effervescence intellectuelle et scientifique

1551. *L'Utopie* de Thomas More (parue en latin en 1516) est traduite en anglais par Ralph Robinson. Le texte a déjà une réputation internationale considérable. Le traduire en anglais revient à l'inscrire dans ce que le traducteur décrit comme un débat national : « On voit tous les jours des hommes doctes proposer par écrit de nouvelles inventions touchant la poursuite du bien public. » La traduction est dédiée à Master William Cecil, secrétaire du roi, plus tard Lord Burghley et futur oncle de Bacon.

1558. Elisabeth, première du nom, accède au trône d'Angleterre.

1561. **Naissance de Bacon.** Il est pratiquement le contemporain de Sully, né l'année précédente. Celui-ci lui survivra et, en 1640, se fera dédier une traduction de morceaux choisis de Bacon (*L'Artisan de sa fortune*).

1563. Le Concile de Trente, qui s'était réuni à plusieurs reprises depuis 1545, a terminé ses travaux ; l'ensemble des décisions prises par ce concile fournit la trame doctrinale et institutionnelle de ce qu'on appelle la Contre-Réforme.

1564. Naissance de Shakespeare et de Galilée.

1570 (*circa*). Plan de sir Humphrey Gilbert pour créer une université nouvelle à Londres.

23 au 24 août 1572. Nuit de la Saint-Barthélemy. La

Zélande et la Hollande, refuges des calvinistes, font sécession, avec l'appui de Guillaume d'Orange, contre Philippe II d'Espagne.

1573. Bacon entre à Cambridge (Trinity College), où il « commence à ne pas apprécier Aristote, à cause du caractère stérile de cette philosophie ». Etudes perturbées par la peste qui sévit à Cambridge en 1574-1575.

1576. Bacon devient membre de Gray's Inn. Il est envoyé par sa famille à Paris, dans la suite de l'ambassadeur d'Angleterre. On sait peu de chose de ce séjour en France, et rien de précis quant à l'emploi de Bacon auprès de l'ambassadeur ; on peut seulement subodorer que ces fonctions mal définies s'assortissaient de menues tâches d'espionnage, ou du moins d'informateur, dans une France toujours bouleversée par les guerres de Religion. La Ligue se forme en 1576 ; Henri de Navarre, qui a enfin réussi à s'échapper de la cour de France, bataille dans le Midi ; le Parti des politiques tente de poursuivre l'œuvre d'apaisement de Michel de Lhospital : l'ambassade d'Angleterre avait sûrement fort à faire pour tenir Elisabeth informée de l'actualité. Une fois, au cours de ce séjour, Bacon sera chargé d'aller porter un message à la reine, puis il reviendra en France. Il y aurait assisté aux conférences de Bernard Palissy. Il suit la Cour dans ses déplacements, et résidera ainsi à Blois, Tours et, plus longuement, Poitiers. A la fin de sa vie, il évoque ce souvenir : « Me trouvant à Poitiers [1577], je me liai avec un jeune Français remarquablement intelligent, mais un petit peu bavard, qui devint par la suite un homme des plus éminents » (Sp. t. II, p. 211). « *Ingeniosissimo* », « *in virum eminentissimum* » : de tels termes, sous la plume d'un Bacon difficile sur le chapitre de la grandeur, inviteraient à chercher ce jeune homme parmi les personnages de la carrure d'un Sully, qui, à cet âge, était « étourdi comme un hanneton » (*dixit* Henri de Navarre), et qui a bien pu se trouver à Poitiers pendant la « suspension d'armes » de 1577.

1579. A la mort de son père, Bacon revient à Londres et entame ses études de droit à Gray's Inn ; il deviendra « *utter barrister* » en 1582, « *bencher* » en 1586, etc. A une date qu'on ne connaît pas précisément, mais précoce, semble-t-il, il entre au service de la reine. En 1603, il dira que sa plume était couramment mise à contribution sous le règne d'Elisabeth (Sp. t. X, p. 67).

1580. Première édition des *Essais* de Montaigne, en deux

livres, à Bordeaux. L'auteur augmentera l'ouvrage à chaque édition, ce que fera aussi Bacon, à une échelle plus modeste, pour ses propres *Essays*.

1583. Giordano Bruno fait partie de la suite d'un prince polonais somptueusement reçu à Oxford sur ordre de la reine. Bruno prend part aux « disputes » données par l'Université à titre de divertissements ; il expose les théories coperniciennes en y mêlant des emprunts à Marsile Ficin.

1584. Bacon est élu pour la première fois membre du Parlement. Giordano Bruno publie le *Spaccio della bestia trionfante*, dédié à Philip Sidney.

1588. Philippe II d'Espagne envoie l'Invincible Armada vers les côtes d'Angleterre, en vue d'y rétablir le catholicisme. La flotte anglaise et les tempêtes dispersent l'expédition.

1589. Rapprochement de l'Angleterre et de la France au cours des derniers mois du règne de Henri III. Henri de Navarre devient roi de France (Henri IV). En Angleterre, depuis l'année précédente, la dispute fait rage entre les évêques et les non-conformistes (ou Puritains). On date de 1589 un texte de Bacon, *Avertissement touchant les controverses dans l'Eglise d'Angleterre*. Sir Francis Walsingham adresse à « Monsieur Critoy, secrétaire de France », une lettre très officielle concernant la politique de la reine en matière de tolérance religieuse (Sp. t. VIII, p. 97 *sq.*). Ce texte, qui contient au moins des phrases prises dans ses opuscules, a vraisemblablement été écrit par Bacon lui-même, puis signé par un personnage plus important : par voie diplomatique, l'Angleterre cherche à faire école, au moins en France, quant à la gestion politique de la pluralité des cultes, et donc la tolérance. « La reine, par l'entremise de ses ambassadeurs, a constamment conseillé aux rois de France et à leur mère de respecter les édits de pacification [religieuse] pour préserver leur propre autorité et leur grandeur, grâce à l'unité de leurs sujets. Si ce conseil avait été suivi, la France aurait été, et jusqu'à aujourd'hui, un royaume des plus prospères, alors qu'elle est un théâtre de la misère », dira Bacon dans un *Eloge de la reine* (c. 1592, Sp. VIII, p. 134).

c. 1591. Lettre à Burghley, dans laquelle Bacon évoque sa vocation philosophique : « Mes buts contemplatifs sont aussi vastes que mes buts politiques sont modérés ; car j'ai décidé de faire de tout savoir ma province. »

1592. Visite de la reine à Oxford. « *Mr Bacon In Praise of Knowledge* » (« Louange de la connaissance, par M. Bacon »). Je pense que Bacon suit dans ce texte le modèle des discours dont les Universités régalaient les souverains en visite.

1594. La *Gesta Grayorum*, un divertissement de Noël (où l'on recommande à un-e souverain-e de créer jardin botanique, zoo, galerie des œuvres techniques, etc.) est donné à Gray's Inn. Bacon en est l'auteur, ou l'un des auteurs.

1595. Edition posthume des *Essais* de Montaigne, par les soins de Marie de Gournay.

1596. Naissance de Descartes. Kepler publie son *Mysterium Cosmographicum*.

1597. Première édition des *Essays* de Bacon.

1598. Gresham College est fondé à Londres. L'Edit de Nantes rend aux protestants français leurs droits civiques, garantit leur liberté de conscience et, dans une certaine mesure, la liberté de culte.

1600. Giordano Bruno, arrêté par l'Inquisition quelques années auparavant, est condamné à mort et brûlé vif à Rome. Campanella est incarcéré. Olivier de Serres, agronome français protégé de Henri IV et de Sully, publie son *Théâtre de l'agriculture ou mesnage des champs*. William Gilbert publie son *De Magnete*.

1601. Le comte d'Essex, protecteur de Bacon et favori de la reine, est condamné pour trahison et exécuté. Bacon a conduit l'accusation, ce qui sera jugé sévèrement par une époque qui concevait mieux les rapports de clientélisme que les obligations d'un employé de la couronne vis-à-vis de la sécurité de l'Etat. En fait, il avait essayé de convaincre la reine de ne pas faire passer Essex en jugement du tout, l'issue d'un procès étant inévitable.

1603. Jacques Ier, qui était déjà roi d'Ecosse, succède à Elisabeth et monte sur le trône d'Angleterre. Bacon devient sir Francis Bacon et s'occupe de près de la question de l'union des deux royaumes, union qu'il nomme Grande-Bretagne. A Rome, l'Accademia dei Lincei est fondée, sous l'égide du prince Federico Cesi.

1604. Bacon devient *Counsel Learned ordinary*, avec un salaire de 40 livres par an. Il publie un opuscule concernant *La Pacification et l'Edification de l'Eglise d'Angleterre.*

1605. Conspiration des Poudres : des catholiques anglais tentent de faire sauter le Parlement à l'occasion d'une visite royale. En 1608, Bacon dira que c'est une horreur qu'« il faudrait peindre et accrocher dans les salles de méditation, comme un enfer à la surface de la terre, et qui justifie la condamnation portée contre la *superstition* [l'excès de zèle religieux] par les païens qui disaient que celle-ci est bien pire que l'athéisme » (Sp. t. XI, p. 10).

Parution de *The Advancement of Learning* (*Du progrès et de la promotion des savoirs*). Bacon en envoie un exemplaire à Toby Matthew en Italie, puis (à une date mal déterminée) plusieurs autres (Sp. t. XI, p. 134) : il se souciera toujours de faire connaître ses travaux sur le Continent ; de plus, ce livre a un caractère militant, puisqu'il appelle à une réforme des savoirs et à la création d'une « fraternité entre les savants d'Europe ».

1605-1609. Rédaction de divers opuscules philosophiques ou politiques, qui ne seront publiés qu'après la mort de l'auteur. Le *Valerius Terminus* date vraisemblablement de cette période.

1606. Le pape Paul V frappe d'interdit le Doge et le Sénat de Venise. Paolo Sarpi prend la tête de la résistance vénitienne contre le pape ; ce moine cultivé était membre du Ridotto Morosini, un salon intellectuel où se coudoyaient hommes d'Etat, marchands influents et savants, dont Galilée : « Toutes les idées nouvelles venant de France, d'Angleterre et des Pays-Bas suscitaient leur intérêt. » Sarpi cherche des appuis contre le pape ; l'intérêt pris alors par la couronne anglaise dans la Sérénissime République et le soutien accordé par Jacques Ier aux Vénitiens en cette occasion restent uniques en Europe. Bacon, qui a quarante-cinq ans, épouse Alice Barnham, qui en a quatorze.

1607. Bacon envoie à Thomas Bodley une première version de ses *Cogitata et Visa*, texte qui ne sera publié qu'en 1653 par Gruter.

1608. Dans un mémorandum en date du 26 juillet (dans le *Commentarius*), Bacon note : « Chercher des savants au-delà des mers [sur le Continent], qu'on puisse [intéresser au projet de réforme des savoirs] et prêter une oreille attentive pour savoir qui sont ceux qui pourraient être enclins à cela. » Et « [établir] une intelligence [ou un espionnage ?] ct une correspondance avec les universités étrangères » (Sp. t. XI, p. 64 et 66). Un livre méchant à l'égard de la mémoire d'Elisabeth étant paru à Paris l'année précédente, ce qui prolonge les insultes papales (« *Misera Foemina* »), Bacon envoie son opuscule « Sur l'heureuse mémoire d'Elisabeth » au président de Thou par l'intermédiaire de l'ambassadeur d'Angleterre à Paris.

1608 ou 1609. Envoi à Matthew de la *Redargutio Philosophiarum*. Isaac Casaubon, érudit français protestant, fait savoir à l'ambassadeur d'Angleterre à Paris qu'il apprécie beaucoup les écrits de Bacon.

1609. Une lettre de Bacon à Toby Matthew déplore que les controverses religieuses, parce qu'elles nuisent à la paix, entravent inéluctablement l'avancement des sciences (Sp. t. XI, p. 138). Publication du *De Sapientia Veterum*. Publication de l'*Astronomia Nova* de Kepler.

1610. Assassinat de Henri IV de France. Le prince de Galles, Henri, est considéré en Angleterre comme capable de le remplacer comme tête de l'opposition européenne aux Habsbourg. Bacon envoie son *De Sapientia Veterum* à Toby Matthew qui est à Venise après un séjour à Salamanque, avec une lettre disant qu'il ne peut pas croire que « le monde soit devenu fou au point de rejeter une vérité en philosophie parce que l'auteur est dissident quant à la religion », allusion probable aux intellectuels espagnols (Sp. t. XI, p. 142). Galilée publie le *Siderius Nuncius* à Venise, ouvrage dans lequel il fait connaître les premières observations rendues possibles grâce à sa « lunette » (les Anglais disent « télescope »). Réaction de Kepler, *Dissertatio cum Nuncio Siderio*, publiée à Prague, et dans laquelle il évoque son *Somnium* alors en chantier, mais qui ne sera publié qu'en 1634. Il s'agit d'une fiction située en Islande, car « j'ai considéré cette île vraiment lointaine comme un lieu où je puisse dormir, rêver, et ainsi imiter les philosophes dans cette manière d'écrire ».

1611. Parution, en Angleterre, d'une traduction anglaise de la Bible qui fera date et qu'on appelle ou surnomme « *The King James Bible* » ou encore « *The Authorized Version* », ce qui ne doit pas être pris à la lettre. Création de *La Tempête* de Shakespeare. Coryate publie ses *Crudities*, récit d'un voyage à Venise.

1612. Deuxième édition augmentée des *Essays*. Rédaction de la *Descriptio Globi Intellectualis*, qui ne sera publié qu'en 1653 par Gruter. Bacon y évoque les découvertes galiléennes publiées deux ans plus tôt à Venise dans le *Siderius Nuncius*. T. Matthew étant à Venise de 1610 à 1612, et Henry Wotton de 1604 à 1612, si l'on se demande qui a pu faire connaître à Bacon l'ouvrage de Galilée si vite, on a l'embarras du choix.

1613. Mariage de la princesse Elisabeth (fille du roi Jacques) avec Frédéric V, Electeur palatin du Rhin. Le couple s'installe à Heidelberg. Salomon de Caus, protestant français, ingénieur disciple de Vitruve, qui avait travaillé pour le prince Henri d'Angleterre, suit Elisabeth à Heidelberg ; des troupes de comédiens anglais jouent à Heidelberg et Francfort... : culturellement parlant, cette région d'Allemagne devient un peu satellite de Londres. Coménius, qui est étudiant à Heidelberg, sera des lecteurs de Bacon et parmi les protégés d'Elisabeth. Le 21 décembre, lettre de Galilée à Don Benedetto Castelli, qui reprend certains arguments de *Du progrès* en faveur d'une disjonction des sciences et de la religion.

1614. Parution à Cassel d'un volume contenant notamment un tract anonyme intitulé *Fama Fraternitatis* ou « Découverte de la Fraternité de l'Ordre très noble de la Rose-Croix ». C'est le premier d'une longue série d'opuscules du même genre. Isaac Casaubon, alors installé en Angleterre, publie son *Hermetica*, livre dédié à Jacques Ier, dans lequel il démontre que les textes du Corpus hermétique ne remontent pas au légendaire prêtre égyptien Hermès Trismégiste, mais datent de l'Antiquité tardive.

1615. Parution, à Cassel aussi, d'un volume contenant une *Confessio Fraternitatis R.C.*, une « profession de foi », adressée « *ad Eruditos Europae* », aux doctes d'Europe ; Salomon de Caus publie *Les Raisons des forces mouvantes* à Francfort. Lettre de Toby Matthew à Bacon lui parlant de Galilée.

1616. Bacon devient *Counsellor of State* ; Richelieu, qui sera des admirateurs du philosophe, est nommé secrétaire d'Etat. Antonio De Dominis, archevêque de Spalato (port satellite de Venise sur la côte dalmate), se convertit à l'anglicanisme. A Strasbourg, parution des *Noces chimiques de Christian Rosencreutz*, d'Andreae, fiction considérée par Frances Yates comme une allégorie alchimique du mariage de Frédéric V et d'Elisabeth. Autre lettre de Toby Matthew à laquelle était jointe « une lettre de Galilée concernant le texte de Josué qui dit que le soleil était resté immobile ».

1617. Bacon devient Lord Keeper (garde des Sceaux). Ferdinand de Styrie (Habsbourg) devient roi de Bohème et met fin à Prague à une politique de tolérance religieuse. Fynes Moryson publie *An Itinerary*, qui contient une description de Venise. A Oppenheim, ville du Palatinat, l'éditeur De Bry commence à publier l'œuvre de Robert Fludd, un lecteur anglais de Bacon mais bien imprégné d'occultisme.

1618. Bacon devient Lord Chancellor. Parution à Londres d'une traduction italienne de ses *Essays* et du *De Sapientia Veterum* par Toby Matthew, qui dédie cette traduction à Cosme de Médicis.

1619. Deux traductions françaises des *Essays* de Bacon paraissent, l'une en France, l'autre à Londres, dédiée à Frédéric V, comte Palatin du Rhin. A Paris, traduction française du *De Sapientia Veterum*, dédiée à la marquise de Rambouillet. Publication à Florence, sur ordre de Cosme de Médicis, d'une nouvelle traduction italienne des *Essays* et du *De Sapientia*. Toby Matthew écrit à Bacon : « Galilée a répondu à votre étude concernant le flux et le reflux de la mer... ». Les Bohémiens offrent la couronne à Frédéric, Electeur palatin. Frédéric et Elisabeth partent pour Prague et y sont couronnés : ce qui va s'appeler la guerre de Trente Ans est en marche. Antonio De Dominis édite et fait imprimer à Londres *L'Histoire du Concile de Trente*, de Sarpi. Publication, à Strasbourg, de la *Christianopolis* de Johann Valentin Andreae. En Allemagne, Descartes, au cours d'une nuit, a l'illumination d'une « science admirable ».

1620. Publication à Londres d'un volume intitulé *Instauratio Magna*, qui contient notamment le *Novum Organum*. Sir Henry Wotton, alors en Allemagne, accuse réception de plusieurs exemplaires et se propose d'en donner un à Kepler ; il fait connaître à Bacon un dispositif mis au point par Kepler pour tracer par projection des paysages *non tanquam pictor sed tanquam mathematicus*, « non en peintre mais en mathématicien ». Il y aura aussi un exemplaire du *Novum Organum* dans la bibliothèque de Fabri de Peiresc. La *Mayflower* quitte Southampton avec à son bord cent vingt congrégationistes (les *Pilgrim Fathers*). L'armée de Frédéric est écrasée à la Montagne Blanche. Frédéric et Elisabeth de Bohème, qui auront été roi et reine d'un hiver, fuient Prague pour les Provinces-Unies.

1621. Destitution de Bacon, convaincu d'avoir accepté trop d'« épices » dans le cadre de ses fonctions ; en fait, il s'agit vraisemblablement d'un épisode de la guerre de Trente

Ans, Bacon ayant été préposé par le roi à obtenir une énorme contribution du Parlement pour soutenir l'effort de guerre. L'ambassadeur d'Angleterre à La Haye, Dudley Carleton, donne l'*Instauratio Magna* à lire à Constantin Huygens, qui, lui-même, lors d'ambassades à Londres, avait connu Bacon. Lettre de C. Huygens à un professeur de Leyde, évoquant l'incarcération de Bacon, décrivant celui-ci comme un monstre (*sic*) de superbe, de vanité et de hauteur, mais saluant l'importance de la philosophie et demandant le sentiment de ce professeur sur l'*Instauratio Magna*.

1622. Correspondance sur le *Novum Organum* avec P. Baranzano, professeur de mathématiques et de philosophie à Annecy. Publication de *The Historie of the Raigne of King Henry The Seventh*.

1623. Première publication, à Francfort, de *La Cité du Soleil* de Campanella. Panique en France à propos de l'existence, à Paris, d'un « collège invisible ». A l'automne, parution du *De Dignitate et Augmentis Scientiarum*, traduction latine considérablement augmentée de *The Advancement of Learning*, mais expurgée afin de ne pas s'aliéner le public catholique. Malgré l'autocensure de Bacon, le *De Augmentis* aura l'honneur d'être mis à l'Index. **Date probable de la rédaction de *La Nouvelle Atlantide*.** Coménius, en exil à Brandies, termine *Le Labyrinthe du monde*, qui sera publié en tchèque en 1631, et qui est aussi une fiction d'une ville consacrée au savoir.

1624. Lettres de Fabri de Peiresc à Bothwell (concernant le *De Augmentis*, « c'était un grand dommage qu'un si grand bien [son œuvre du progrez des sciences] fust communiqué à si peu de gens »), à Dupuy sur le *De Augmentis* aussi (et Dupuy lui prêtera son exemplaire), sur *l'Histoire d'Henri VI* (« Et vouldrais bien que vous eussiez déjà persuadé quelqu'un pour la traduction ») et sur deux chapitres des *Essays*, « de la religion » et « de la superstition », qui avaient été retranchés de la traduction italienne et que Dupuy lui envoie en manuscrit. Fabri de Peiresc, lié à Galilée, sera un de ses grands défenseurs face à l'Eglise. Une contrefaçon ou édition pirate du *De Augmentis* paraît à Paris. Traduction française par Maugars de *The Advancement of Learning*, dédiée à M. de Loménie, qui avait négocié le contrat de mariage d'Henriette de France avec l'héritier de la couronne britannique. Richelieu devient ministre de Louis XIII.

1625. Edition finale des *Essays* ; correspondance avec Fulgens, prêtre vénitien. Parlant de Bacon, Mersenne écrit : « Souvenez-vous toujours, en lisant ses œuvres, qu'il est hérétique, de peur qu'en pensant faire quelque progrès ès sciences vous courriez risque de votre salut. »

1626. **Mort de Bacon**, d'une bronchite contractée en faisant une expérience sur la réfrigération. Son testament lègue son nom et sa mémoire « aux discours charitables des hommes, aux nations étrangères et aux siècles futurs » (Sp. t. XIV, p. 539). Un volume intitulé *Œuvres morales et politiques* (contenant une traduction des *Essays* de 1625, du *De Sapientia*, etc.) est publié à Paris.

1627. Publication du volume contenant la *Sylva Sylvarum* et *New Atlantis* ; la première page de garde porte la date de 1626, et la seconde celle de 1627. « J'ai admiré d'entendre que le chancelier d'Angleterre se soit amusé à faire des romans. Je crois que c'est l'air de ce pays-là qui porte généralement un chacun à la romancerie. Mais je verrais volontiers ceux-là, ne doutant pas que la gentillesse de cet esprit n'y paraisse. Il faudrait induire le traducteur de son Henri VII [...] » (lettre de Fabri de Peiresc du 11 novembre 1627).

1628. Samuel Hartlib, grand admirateur de Bacon, protégé d'Elisabeth de Bohème en exil à La Haye et ami de Coménius, s'installe en Angleterre : il va continuer l'effort du philosophe en cherchant à convaincre les politiques de la nécessité de réaliser les idées de Bacon.

1629. Rawley édite un volume intitulé *Certain miscellanary works of the Right Honourable Francis Lo. Verulam.*

1631. Traduction française de la *Sylva Sylvarum* et de *La Nouvelle Atlantide*, contenant une « Ode à Monsieur Bacon » qui s'étonne de ce qu'« un étranger à Paris soit si bien vu de tout le monde ». Le volume est plus que suspect, le traducteur se vantant d'avoir eu entre les mains des manuscrits (de la *Sylva* seulement, sans doute), ce qui doit être rapproché d'un scandale : un Auger de Mauléon, sieur de Granier, avait eu accès à des manuscrits de Bacon que M. de la Hoguette possédait depuis au moins 1627, et il en avait « fait larcin » « pour donner au public ces écrits du chancelier Bacon ».

1632. Traduction française du *De Augmentis*, dédiée au marquis d'Effiat et au cardinal de Richelieu.

1634. Traduction des *Considérations politiques pour entre-*

prendre la guerre contre l'Espagne, dédiée au cardinal de Richelieu.

1634-1635. Plusieurs lettres de Peiresc aux Dupuy réclament diverses œuvres de Bacon pour le cavalier Pozzo, la dernière indiquant : « J'ai découvert que c'est pour le cardinal Barberini lui-même, ce qu'on m'avait caché jusqu'à présent. »

1638. Jugement de l'Académie française sur *Le Cid* : « Il n'y a pas de fable [...] qui n'ait son fondement dans l'histoire, si l'on en veut croire Bacon. » Rawley publie un in-folio de diverses œuvres de Bacon en traduction latine, les *Opera Moralia et Civilia.*

1641. Une utopie sur le modèle de La Nouvelle Atlantide, *A Description of the Famous Kingdome of Macaria*, est remise aux membres du Parlement. Samuel Hartlib invite Coménius à venir le rejoindre en Angleterre. Coménius croit que le Parlement anglais le mandate pour réaliser concrètement *La Nouvelle Atlantide*, et il vient. Dans les vingt années qui suivent, la philosophie de Bacon trouve une influence croissante en Grande-Bretagne, grâce notamment aux efforts de Hartlib et au courant puritain et républicain.

1648. Parution d'un volume intitulé *The Remains of... Francis Lord Verulam*, contenant des opuscules inédits et des lettres.

1653. Isaac Gruter publie à Amsterdam un volume intitulé *Franscici Baconi de Verulamio Scripta in Naturali et Universali Philosophia*, le plus important des recueils d'inédits.

1657. Rawley publie la *Resuscitatio ; or bringing into public light several pieces of works hitherto sleeping*, volume dans lequel il insère un essai de biographie de Bacon, dont il a été le chapelain et le secrétaire.

1660. Fondation de la Royal Society à Londres, qui sera considérée comme la réalisation de la Maison de Salomon.

TABLE

Avertissement 5
Introduction 7
Note sur les références bibliques 73

LA NOUVELLE ATLANTIDE............................. 77

Notes 135
Bibliographie 157
Chronologie 165

LA PHILOSOPHIE DANS LA GF-FLAMMARION

ANSELME DE CANTORBERY
Proslogion (717)

ARISTOTE
Éthique de Nicomaque (43). Les Politiques (490). De l'âme (711).

AUGUSTIN (SAINT)
Les Confessions (21).

BECCARIA
Des délits et des peines (633).

BERKELEY
Principes de la connaissance humaine (637).

BICHAT
Réflexions sur la vie et la mort (première partie) et autres textes (808).

CONDORCET
Esquisse d'un tableau historique des progrès de l'esprit humain (484). Cinq mémoires sur l'instruction publique (783).

CONFUCIUS
Entretiens (799).

CONSTANT
De l'esprit de conquête et de l'usurpation dans leurs rapports avec la civilisation européenne (456).

CUVIER
Recherches sur les ossements fossiles de quadrupèdes (631).

DARWIN
L'Origine des espèces (685).

DESCARTES
Discours de la méthode (109). Correspondance avec Élisabeth et autres lettres (513). Méditations métaphysiques (328).

DIDEROT
Entretien entre d'Alembert et Diderot. Le Rêve de d'Alembert. Suite de l'entretien (53). Supplément au voyage de Bougainville. Pensées philosophiques. Addition aux pensées philosophiques. Lettre sur les aveugles. Additions à la Lettre sur les aveugles (252).

DIDEROT/D'ALEMBERT
Encyclopédie (426 et 448).

DIOGÈNE LAËRCE
Vie, doctrines et sentences des philosophes illustres (56 et 77).

ECKHART (MAÎTRE)
Traités et sermons (703).

ÉPICTÈTE
Manuel (16).

ÉRASME
Éloge de la folie (36).

GRADUS PHILOSOPHIQUE (773)

HOBBES
Le Citoyen (385).

HUME
Enquête sur l'entendement humain (343). Enquête sur les principes de la morale (654). Les Passions. Traité de la nature humaine, livre II. Dissertation sur les passions (557). La Morale. Traité de la nature humaine, livre III (702). L'Entendement. Traité de la nature humaine, livre I (701).

KANT
Anthropologie (665). Critique de la raison pure (257). Essai sur les maladies de la tête. Observations sur le sentiment du Beau et du Sublime (571). Opuscules sur l'histoire (522). Vers la paix perpétuelle. Qu'est-ce que les Lumières ? Que signifie s'orienter dans la pensée ? (573). Métaphysique des mœurs. I. Fondation. Introduction (715). II. Doctrine du droit. Doctrine de la vertu (716). Théorie et pratique (689).

KIERKEGAARD
La Reprise (512).

LA BOÉTIE
Discours de la servitude volontaire (394).

LA ROCHEFOUCAULD
Maximes et réflexions diverses (288).

LEIBNIZ
Nouveaux essais sur l'entendement humain (582). Essais de théodicée (209).

LOCKE
Traité du gouvernement civil (408). Lettre sur la tolérance et autres textes (686).

LUCRÈCE
De la nature (30).

MACHIAVEL
Le Prince (317). L'Art de la guerre (615).

MALEBRANCHE
Traité de morale (837).

MALTHUS
Essai sur le principe de population (708 et 722).

MARC AURÈLE
Pensées pour moi-même suivies du Manuel d'Épictète (16).

MONTAIGNE
Essais (210, 211, 212).

MONTESQUIEU
Lettres persanes (19). Considérations sur les causes de la grandeur des Romains et de leur décadence (186). De l'esprit des lois (325 et 326).

MORE
L'Utopie (460).

NIETZSCHE
Le Crépuscule des idoles. Le Cas Wagner (421). Ecce homo. Nietzsche contre Wagner (572). Seconde Considération intempestive (483). Le Livre du philosophe (660). L'Antéchrist (753).

PASCAL
Pensées (266). Préface au Traité du vide. De l'esprit géométrique et autres textes (436).

PENSEURS GRECS AVANT SOCRATE (31).

PLATON
Le Banquet-Phèdre (4). Apologie de Socrate. Criton. Phédon (75). Protagoras. Euthydème. Gorgias. Ménexène-Ménon. Cratyle (146). Premiers Dialogues (129). République (90). Sophiste. Politique. Philèbe. Timée. Critias (203). Théétète. Parménide (163). Gorgias (465). Phèdre (488). Lettres (466). Ion (529). Euthydème (492). Phédon (489). Ménon (491). Timée. Critias (618). Sophiste (687). Théétète (493). Parménide (688). Platon par lui-même (785).

QUESNAY
Physiocratie (655).

RICARDO
Principes de l'économie politique et de l'impôt (663).

ROUSSEAU
Discours sur l'origine et les fondements de l'inégalité parmi les hommes. Discours sur les sciences et les arts (243). Du contrat social (94). Émile ou de l'éducation (117). Essai sur l'origine des langues et autres textes sur la musique (682). Lettre à M. d'Alembert sur son article Genève (160). Considérations sur le gouvernement de Pologne. L'Économie politique. Projet de constitution pour la Corse (574).

SÉNÈQUE
Lettres à Lucilius (1-29) (599).

SMITH
La Richesse des nations (598 et 626).

SPINOZA
Œuvres. I- Court traité. Traité de la réforme de l'entendement. Principes de la philosophie de Descartes. Pensées métaphysiques (34). II- Traité théologico-politique (50). III- Éthique (57). IV- Traité politique. Lettres (108).

THOMAS D'AQUIN
Contre Averroès (713).

TOCQUEVILLE
De la démocratie en Amérique (353 et 354). L'Ancien Régime et la Révolution (500).

VICO
De l'antique sagesse de l'Italie (742).

VOLTAIRE
Lettres philosophiques (15). Dictionnaire philosophique (28). Traité sur la tolérance (552).

PUBLICATIONS NOUVELLES

ANSELME DE CANTORBERY
Proslogion (717).

ARISTOTE
De l'âme (711).

ASTURIAS
Une certaine mulâtresse (676).

BALZAC
Un début dans la vie (613). Le Colonel Chabert (734). La Recherche de l'absolu (755). Le Cousin Pons (779). La Rabouilleuse (821).

BARBEY D'AUREVILLY
Un prêtre marié (740).

BICHAT
Recherches physiologiques sur la vie et la mort (808).

CALDERON
La Vie est un songe (693).

CHRÉTIEN DE TROYES
Le Chevalier au lion (569). Lancelot ou le chevalier à la charrette (556).

CONDORCET
Cinq mémoires sur l'instruction publique (783).

CONFUCIUS
Entretiens (799).

COUDRETTE
Le Roman de Mélusine (671).

CREBILLON
La Nuit et le moment (736).

CUVIER
Recherches sur les ossements fossiles de quadrupèdes (631).

DA PONTE
Don Juan (939). Les Noces de Figaro (941). Cosi fan tutte (942).

DANTE
L'Enfer (725). Le Purgatoire (724). Le Paradis (726).

DARWIN
L'Origine des espèces (685).

DOSTOÏEVSKI
L'Eternel Mari (610). Notes d'un souterrain (683).

DUMAS
Les Bords du Rhin (592). La Reine Margot (798).

ESOPE
Fables (721).

FITZGERALD
Absolution. Premier mai. Retour à Babylone (695).

GENEVOIX
Rémi des Rauches (745).

GRADUS PHILOSOPHIQUE (773).

HAWTHORNE
Le Manteau de Lady Eléonore et autres contes (681).

HUME
Enquête sur les principes de la morale (654). Les Passions. Traité sur la nature humaine, livre II - Dissertation sur les passions (557). La Morale. Traité de la nature humaine, livre III (702). L'Entendement. Traité de la nature humaine, livre I et appendice (701).

IBSEN
Une maison de poupée (792). Peer Gynt (805).

JEAN DE LA CROIX
Poésies (719).

JOYCE
Gens de Dublin (709).

KAFKA
Dans la colonie pénitentiaire et autres nouvelles (564). Un Jeûneur (730).

KANT
Vers la paix perpétuelle. Que signifie s'orienter dans la pensée. Qu'est-ce que les Lumières ? (573). Anthropologie (665). Métaphysique des mœurs (715 et 716). Théorie et pratique (689).

KIPLING
Le Premier Livre de la jungle (747). Le Second Livre de la jungle (748).

LA FONTAINE
Fables (781).

LAMARCK
Philosophie zoologique (707).

LEIBNIZ
Système de la nature et de la communication des substances (774).

LOCKE
Lettre sur la tolérance et autres textes (686).

LOPE DE VEGA
Fuente Ovejuna (698).

MALEBRANCHE
Traité de morale (837).

MARIVAUX
Les Acteurs de bonne foi. La Dispute. L'Epreuve (166). La Fausse Suivante. L'Ecole des mères. La Mère confidente (612).

MAUPASSANT
Notre cœur (650). Boule de suif (584). Pierre et Jean (627). Bel-Ami (737). Une vie (738).

MUSSET
Confession d'un enfant du siècle (769).

NERVAL
Les Chimères - Les Filles du feu (782).

NIETZSCHE
Le Livre du philosophe (660). Ecce homo – Nietzsche contre Wagner (572). L'Antéchrist (753).

PASTEUR
Ecrits scientifiques et médicaux (825).

PIRANDELLO
Ce soir on improvise - Chacun son idée - Six personnages en quête d'auteur (744). Feu Mattia Pascal (735).

PLATON
Ménon (491). Phédon (489). Timée-Critias (618). Sophiste (687). Théétète (493). Parménide (688). Platon par lui-même (785).

PLAUTE
Théâtre (600).

PREVOST
Histoire d'une grecque moderne (612).

QUESNAY
Physiocratie (655).

RABELAIS
Gargantua (751). Pantagruel (752). Tiers Livre (767). Quart Livre (766).

RILKE
Lettres à un jeune poète (787).

RICARDO
Des principes de l'économie politique et de l'impôt (663).

ROUSSEAU
Essai sur l'origine des langues et autres textes sur la musique (682).

SHAKESPEARE
Henry V (658). La Tempête (668). Beaucoup de bruit pour rien (670). Roméo et Juliette (669). La Mégère apprivoisée (743). Macbeth (771). La Nuit des rois (756).

STEVENSON
L'Ile au Trésor (593). Voyage avec un âne dans les Cévennes (601). Le Creux de la vague (679). Le Cas étrange du Dr Jekyll et M. Hyde (625).

STRINDBERG
Tschandala (575). Au bord de la vaste mer (677).

TCHEKHOV
La Steppe (714).

TÉRENCE
Théâtre (609).

THOMAS D'AQUIN
Contre Averroès (713).

TITE-LIVE
La Seconde Guerre Punique I (746). La Seconde Guerre Punique II (940).

TOLSTOÏ
Maître et serviteur (606).

TWAIN
Huckleberry Finn (700).

VICO
De l'antique sagesse de l'Italie (742).

VILLIERS DE L'ISLE-ADAM
L'Eve future (704).

VILLON
Poésies (741).

VOLTAIRE
Candide, Zadig, Micromégas (811).

WAGNER
La Walkyrie (816). L'Or du Rhin (817). Le Crépuscule des dieux (823). Siegfried (824).

WHARTON
Vieux New-York (614). Fièvre romaine (818).

WILDE
Salomé (649).

GF – TEXTE INTÉGRAL – GF

95/09/M7403-IX-1995 – Impr. MAURY Eurolivres SA, 45300 Manchecourt.
N° d'édition 16278. – Septembre 1995. – Printed in France.